Ulrich Schmitz · Eduard Zwierlein

Erfolgreich um jeden Preis?

Ein Erfahrungs- und Arbeitsbuch
zu Spiritualität und Management

topos taschenbücher, Band 1047
Eine Produktion des Echter Verlags

Ulrich Schmitz · Eduard Zwierlein

Erfolgreich um jeden Preis?

Ein Erfahrungs- und Arbeitsbuch
zu Spiritualität und Management

topos taschenbücher

Verlagsgemeinschaft topos plus
Butzon & Bercker, Kevelaer
Don Bosco, München
Echter, Würzburg
Matthias-Grünewald-Verlag, Ostfildern
Paulusverlag, Freiburg (Schweiz)
Verlag Friedrich Pustet, Regensburg
Tyrolia, Innsbruck

**Eine Initiative der
Verlagsgruppe engagement**

www.topos-taschenbuecher.de

Bibliografische Information der Deutschen Nationalbibliothek
Die Deutsche Nationalbibliothek verzeichnet diese Publikation in der
Deutschen Nationalbibliografie; detaillierte bibliografische Daten
sind im Internet über http://dnb.d-nb.de abrufbar.

ISBN 978-3-8367-1047-3
E-Book (PDF): ISBN 978-3-8367-5046-2
E-Pub: ISBN 978-3-8367-6046-1

2016 Verlagsgemeinschaft topos plus, Kevelaer
Das © und die inhaltliche Verantwortung liegen beim
Echter Verlag, Würzburg
Umschlagabbildung: shutterstock
Einband- und Reihengestaltung: Finken & Bumiller, Stuttgart
Satz: Hain-Team (hain-team.de)
Grafiken und Zeichnungen: Br. U. Schmitz
Herstellung: Friedrich Pustet, Regensburg
Printed in Germany

Inhalt

Einleitung

ES GIBT FRAGEN,
DEREN ANTWORT
ICH ERST HÖRE,
WENN ICH
SCHWEIGE.
ES GIBT
WIRKLICH-
KEITEN,
DIE ICH ERST
ERKENNE,
WENN ICH
DIE AUGEN
SCHLIESSE.

ULRICH
SCHMITZ

Spiritualität und Management
Wege zu einer Kultur der Anerkennung,
des Vertrauens und des Schöpferischen

Führen und Leiten

Es ist unsere Erfahrung und Überzeugung, dass Führen und Leiten dem Menschen in seiner Fülle und Tiefe nicht gerecht werden können, wenn das Thema *Spiritualität* ausgeblendet wird. Darum haben wir uns entschlossen, einen Beitrag zur *Verbindung* beider Aspekte zu verfassen. Wir wollen damit die Diskussion anregen und Praxisimpulse anbieten. Der eine Autor ist Generalsuperior der Franziskanerbrüder Hausen, der andere Autor Hochschullehrer und Unternehmensberater. Beide kennen sich schon seit einigen Jahren aus gemeinsamer Zusammenarbeit. Zwar ist es normal, dass beide Verfasser unterschiedliche Akzente setzen. Aber für die Abfassung dieses Buches gab es keine Arbeitsteilung derart, dass der eine den spirituellen und der andere den Management-Teil übernommen hätte. Vielmehr haben wir beide in verabredeter Form wichtige Themen des Führens und Leitens in doppelter Perspektive bearbeitet und immer wieder gemeinsam diskutiert und abgestimmt, ohne dass dabei die jeweils besondere „Handschrift" und Zugangsweise des einzelnen Autors verlorenging.

Spiritualität und Christentum

Was wir unter Spiritualität verstehen, soll hier gleich in der Einleitung erläutert werden. Wir haben dabei ein zwar umfassendes, aber zugleich recht genaues Verständnis dieses schwierigen und vagen Begriffs im Auge. Doch haben auch wir, wie jeder Mensch, der sich mit diesen Themen persönlich beschäftigt, bei allem umfassenden und weiten Verständnis unsere persönlichen Wurzen und Quellen, aus denen wir primär leben. Deshalb spielen für unsere Überlegungen die *christliche Botschaft* und der *Weg Jesu* zu den Menschen und mit den Menschen eine wesentliche Rolle.

Seine Botschaft ist lebensnah, weil seine Botschaft selbst Leben ist. Leben entsteht und wächst in der *Begegnung*. Menschliche Begegnung ist der Ort, aus dem heraus Leben wachsen oder auch verkümmern kann. So verstanden ist *Spiritualität die Kunst lebendiger Begegnungen.* Jedes Unternehmen, jede Organisation braucht Verbindendes, damit Unterschiedlichkeiten zu Quellen werden können, aus denen ich immer wieder frisch neu schöpfen kann, und diese nicht zu stehenden Gewässern werden, in denen jegliches Leben nach und nach stirbt.

Spiritualität

Spiritualität, wie wir sie auf umfassende Weise verstehen, ist eine fundamentale Dimension des Menschseins. Sie bezieht sich unter anderem auf Erfahrungen und Einstellungen zu Aspekten der Sinnorientierung, Transzendenz, Ganzheitlichkeit, des Wachstums und der Lebensbalance. Sie ist ein auf dem Weg und zur Mitte unterwegs sein und zugleich die maßgebliche Quelle für eine Kultur der Anerkennung, des Vertrauens und des Schöpferischen. In diesem Sinne bereichert Spiritualität das Management durch Sinn- und Wertorientierung, durch Weisheits- und Reflexionsimpulse, die auf Aspekte wie Führung und Zusammenarbeit, auf Kommunikation und Konflikt wie auch auf Begegnung, Begleitung und Entwicklung ausstrahlen.

Spiritualität als Herz der Dinge

Wer mit Menschen arbeitet und ihnen begegnet in den normalen Situationen des *Alltags*, aber sie auch in *Grenzsituationen* begleitet, begegnet Fragen der Spiritualität. Wer überhaupt über sein Leben nachdenkt und ein wenig anfängt zu *fragen*, zu *zweifeln*, zu *staunen*, der berührt Fragen der Spiritualität. Im Grunde kommen in diesen Fragen Themen ans Licht, die alles menschliche Leben begleiten und immer präsent sind. *Mensch-sein und Spiritualität* gehören zusammen.

Krisen und
Wandlungen
Die Frage nach der Spiritualität bricht, auch wenn sie in jeder gewöhnlichen Situation des Alltags mit enthalten ist, besonders deutlich in *Krisensituationen* und *bestimmten Fragen* auf: Wie denke ich über das Leben als Ganzes? Woraus lebe ich und wofür? Warum ist dies geschehen und blieb mir nicht erspart? Was bleibt von mir, wenn ich tot bin? Was war gut in meinem Leben und was habe ich versäumt? Kann das Leben gelingen? Und wie? ... Jede *Krise* und jede *Verwandlung* ist in aller wirklichen Schwere und Herausforderung doch auch ein Freund, ein Mahner und Ratgeber, der uns weiterbringen und in eine neue Lebensfülle locken will. Dies gilt natürlich nicht nur für Lebenskrisen, sondern auch solche Krisen, die mit dem Beruf verbunden sind, für Krisen der Weiterentwicklung, für Team- und Organisationskrisen, für Krisen der Rahmenbedingungen, überall, wo ein ständiger Wandlungsdruck uns fordert und bewegt. Diejenigen, die nicht wissen, wie man weint, wissen auch nicht, wie man lacht. Oder um es mit einem chinesischen Sprichwort zu sagen: Wenn der Wind des Wandels weht, bauen die einen Mauern, die anderen Windmühlen.

Wie auch immer unsere persönliche Antwort inhaltlich zum Thema Spiritualität aussehen mag, die Frage nach der „Mitte", nach dem, was „Zentrum" und „zentral", was das „Herz aller Dinge" in unserem Leben ist, ist die Frage (nach) der Spiritualität. In diesem umfassenden Sinne ist Spiritualität der ursprüngliche Ort des Menschseins und zugleich die *Quelle* und *Wurzel* aller unserer Aktivitäten und Beziehungen zu anderen schlechthin.

Spiritualität – Wortsinn

Spiritualität hat dem *Wortsinne* nach etwas mit „Geist", „Seele", „Atem", „Hauch", „Luft", „Wehen" und „Leben" zu tun. Es ist eine höhere, d. h. umfassende Sicht auf das Ganze des Lebens, seine wahre Fülle und das, was wirklich zählt. Dabei betrifft Spiritualität nicht nur das „*Was*" (bestimmte Haltungen, Einstellungen oder Überzeugungen), sondern vor allem das „*Wie*" (eine bestimmte Art zu sehen, anderen zu begegnen, die Lebensreise zu unternehmen, eine „Lebensform", eine „Kultur" des Unternehmens ...).

Mysterium

Was dabei eine spirituelle Sicht auf das Leben zutiefst auszeichnet, finden wir in dem Wort „*Mysterium*" wieder. Ein Mensch ist dann spirituell, wenn er das Leben nicht einfach für ein lösbares Problem oder Rätsel hält, sondern für ein Geheimnis, an das wir nur rühren und von dem wir berührt werden können. Alles, was ist, ist auch ein Durchscheinen auf diese größere oder tiefere Wahrheit. Alles in dieser Welt hat eine verborgene Bedeutung, ob es sich um Menschen, Tiere, Bäume oder Sterne handelt. Sie alle sind Hieroglyphen und Rätselzeichen eines umfassenden Geheimnisses. Dass die Welt durchsichtig ist für die Ewigkeit, betrifft nicht große oder spektakuläre Dinge, sondern findet sich im Kleinen, Unscheinbaren, Gewöhnlichen und Alltäglichen. Das Wunder schläft nebenan. Spiritualität ist wirklichkeitsoffen, konkret, plural, alltäglich und mystiknah zugleich.

In die *großen Themen unserer Existenz*, in Gott, den Menschen, den Tod, das Leben und die Liebe, können wir uns nur vertiefen. Kein *Mensch* kennt sich selbst oder einen anderen zu Ende. Der *Tod* ist ein dunkler Kontinent, von dem niemand etwas Endgültiges weiß. *Gott* ist, bei allem, was wir von ihm zu wissen glauben, doch immer auch der ganz Andere, der alle unsere Gedanken von ihm unendlich übersteigt. Abschließend lösen und beantworten können diese Fragen nur die Narren. Insofern ist ein spiritueller Mensch ein Mensch, der nicht dogmatisch und definitiv gewiss, aber doch persönlich entschieden und hingegeben ist. Er bleibt in allen seinen Schritten staunend und bereit, von neuem überrascht zu werden. Alle Begegnung mit anderen Menschen wird im guten Fall und wenn es gelingt, aus dieser Einstellung und Haltung hervorgehen.

Spiritualität und Gott Spiritualität ist *Offenheit* für etwas, was größer ist als wir selbst, für das wir den Namen *Gott* haben, von dem aus sich unsere *Lebenskunde* und *Lebenskunst* ihr Maß nimmt. Gott ist das Leben schlechthin. Dort, wo Leben aufblüht, dort ist auch Gott. Spiritualität hält sich offen für die *Begegnung mit Gott in und unter den Menschen*. Spiritualität lässt Raum für das Wirken eines Geistes der Anerkennung, des Vertrauens und des Schöpferischen. Sie *schafft Gelegenheiten und Chancen*. Sie überlässt ihn weder dem Zufall noch kann sie ihn steuern oder zwingen. Aber sie kümmert sich um diesen Geist und sorgt für ihn. So bleibt Spiritualität der Versuch und das immerwährende Wagnis, ins Herz aller Dinge zu lauschen: Jeder Mensch ist ein Traum Gottes für eine neue Welt und jede seiner Krisen und Wandlungen die Chance zu einem neuen Aufbruch in lebendigeres Leben.

Spiritualität und Unternehmen Die in diesem Buch zusammengetragenen Gedanken, Erfahrungen und Lebenstexte wollen zur Suche nach den eigenen spirituellen Quellen ermutigen. Dabei geht es immer wieder um die zentrale Frage, wie es gelingen kann, eine *lebensbejahende Spiritualität so in ein Unternehmen zu integrieren*, dass der Mensch selbst zur Authentizität geführt und die eigene Arbeit als sinnvoll erlebt wird. Auch wenn die Maxime, dass ein Unternehmen erfolgreich sein muss, weiterhin von großer Bedeutung ist, setzt Spiritualität gerade dort an, wo es um den Menschen geht. Spiritualität fördert die Achtsamkeit und Wahrnehmung gegenüber dem Leben und hilft, das eigene Leitungs- und Führungspotential auch zugunsten anderer und des gesamten Unternehmens weiterzuentwickeln.

Management — Wir haben das Thema „*Management*" für uns in die Aspekte *Führen* und *Leiten* übersetzt. Sie werden im Kapitel „Führen der eigenen Person" noch genauer erläutert. An dieser Stelle bedienen wir uns einer Art *Führungslandkarte*, auf der wichtige Aspekte und Dimensionen von Führen und Leiten festgehalten sind. Diese geistige Landkarte gliedert auch die Kapitel und leitet uns durch das Buch. Ansatz und roter Faden für die Verbindung von Spiritualität und Management werden ebenfalls inhaltlich durch den Bezug auf das nachfolgend visualisierte Führungsschema hergestellt (siehe S. 16).

Außerdem wird der rote Faden der Führungslandkarte durch ein *didaktisches Schema* unterstützt. Wir haben versucht, durch dieses Ablaufschema eine gewisse Einheitlichkeit, Übersichtlichkeit und Orientierung in das Buch zu bringen (siehe ebenso S. 16).

Herz und Kopf — Spiritualität ist nach unserem Verständnis nie bloße Wissensvermittlung, sondern will gelebt werden. Der Sitz prägender Spiritualität ist nicht allein der *Kopf*, sondern vielmehr das *Herz*, wel-

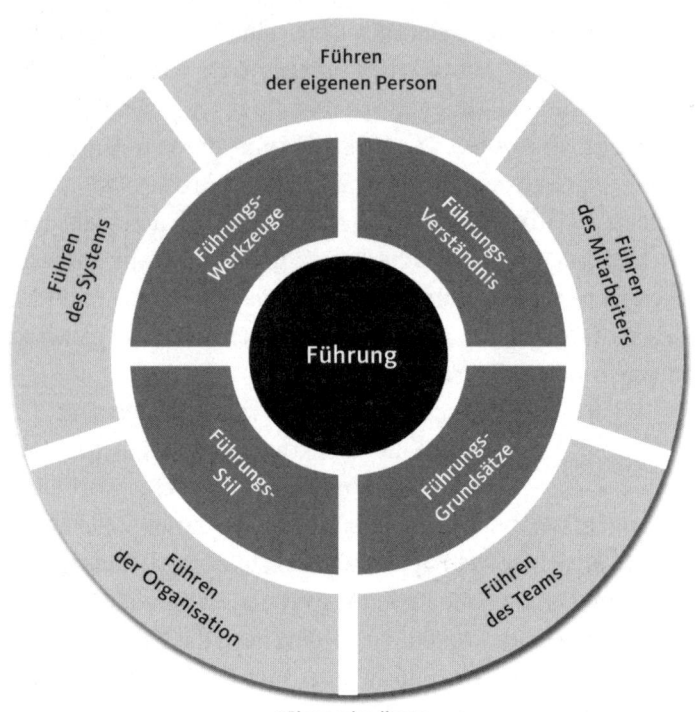

Führungslandkarte

ZUM EINSTIEG

(MANAGEMENT-)REFLEXION

WEISHEITSTEXT

MEDITATION

ZITATE/APHORISMEN

IMPULSE ZUM WEITERDENKEN

ches für eine gute Durchblutung aller Gefäße und Organe sorgt. So ist auch dieses Buch unter dem Zusammenspiel von Kopf und Herz entstanden. Schon die gemeinsame Annäherung an das Thema war ein Geschenk, weil im Innersten Erahntes und Erlebtes die unverhoffte Chance zu Wachstum erhielt. Dieser gemeinsame Weg wurde gleichsam selbst zur spirituellen Erfahrung, ermöglichte Einsichten und geistige Berührungen, die zu neuer Weite und Tiefe ermutigt haben. Die einzelnen Kapitel mit den unterschiedlichen Aspekten und Lebensrealitäten entstanden nicht außerhalb des eigentlichen Lebens, sondern ganz bewusst in der „Werkkammer des Alltags". Dabei haben wir die Erfahrung gemacht, dass Ergänzung nicht dabei stehen bleibt, Verschiedenes zusammenzuführen, sondern immer auch Neues entstehen lässt.

Uns selbst sind auf diesem Weg Dimensionen geerdeter Spiritualität begegnet. Spiritualität lebt aus der Kraft einer inneren und äußeren Ausrichtung, um den starken Wandlungsdruck auf bisher prägende funktionale Lebensprinzipien positiv gestalten zu können. So ist dieses Buch in erster Linie *nicht ein Wissensbuch, sondern ein Lebensbuch.* Es geht nicht primär um Wissensvermittlung, sondern um eine Erfahrungs- und Lebensschule. Es ist kein Nachschlagewerk, sondern eher ein Arbeitsbuch und Reiseführer, der zur Authentizität und zum eigenen Charisma ermutigen will. Es ist kein Buch für diejenigen, die nach raschen Lösungen suchen, sondern für diejenigen, die in sich die Sehnsucht spüren und aus der Gewissheit leben, dass das Werden, Wachsen und Reifen unseres Lebens immer auch geistiges und geistliches Geschehen ist.

Führen der eigenen Person

Mit sich beginnen,
aber nicht bei sich enden.
Bei sich anfangen,
aber sich selbst nicht zum Ziel haben.
MARTIN BUBER

Führen der eigenen Person
Kraftquellen der Selbstentwicklung

Alle lebendigen Gebilde erneuern sich nur
durch Rückkehr zu den Quellen und Kräften,
aus denen sie ihren Anfang genommen haben.
ARISTOTELES

Zum Einstieg

Alles hat seine Zeit

Alles hat seine Zeit,
für alles, was geschieht in der Welt,
in unserem Leben,
gibt es eine bestimmte Stunde.

Wir wurden nicht gefragt,
ob wir geboren werden wollten.
Es ist uns aufgegeben,
uns hineinzuleben in die Welt,
in unser Leben
und die uns eigene Bestimmung
immer wieder neu zu suchen,
zu geben, was wir können,
zu nehmen, was wir dürfen,
zu werden, die wir sind, –
um eines Tages, wenn die letzte Stunde naht,
in der wir alle Lust und Last
des Lebens lassen,
im Rückblick auf erfüllte Jahre
als leisen Trost im wunden Herzen
zu verspüren:

Mein Leben
habe ich gelebt.[*]

---

[*] Aus: Christa Spilling-Nöker, Jeder Augenblick zählt. Verlag am Eschbach 1995, 10.

Ganz bewusst habe ich Gedanken aus dem Alten Testament, dem Buch Kohelet, an den Anfang meiner Ausführungen gestellt. Ist unser Leben doch nicht einseitig, sondern vielseitig. Es will geschrieben, gelesen und gelebt werden. Die folgenden Überlegungen und Gedanken erwachsen aus mir „zugefallenen Texten" und aus Erfahrungen, die auf den Seiten meines persönlichen Lebensbuches zu lesen sind. Das bewusste Hinhören und Hinsehen auf das eigene Leben ist wie eine Entdeckungsreise, die mich Seite für Seite Neues erahnen, ertasten und entdecken lässt. Es verwirklicht sich Begegnung sowohl mit Vertrautem und Tröstendem als auch die Berührung mit Beunruhigendem und Heilendem. Dies alles geschieht im Wechsel, in der Ergänzung, will Tiefe schenken und die eigene Lebenssicht weiten. Wie es *Christa Spilling-Nöker* in ihrem Text sagt: „Es ist uns aufgegeben, uns hineinzuleben in die Welt, in unser Leben und die uns eigene Bestimmung." Nur dort, in mir, liegt das Geheimnis meines Lebens, kann ich meine Kraftquellen freilegen und ergründen.

(Management-)Reflexionen

Mensch sein – Mensch werden

Eine der großen Herausforderungen für uns Menschen besteht darin, unser Leben als einen Erkenntnis gewinnenden Prozess wahrzunehmen, der uns dahin führt, Ja zu sagen zu den Fragmenten des eigenen Lebens. Was groß und wichtig zu Beginn meines Lebens war, kann sich in seiner Bedeutsamkeit verändern und wandeln, so dass ich Neuem und bisher weniger Bedeutsamem Raum geben muss.

Sieben Jahre benötigt unser Körper, um alle Zellen auszuwechseln. Welch ein reales Bild für die unterschiedlichen Entwicklungsstufen unserer Persönlichkeit! Wie unser Körper trotz immerwährender Zellerneuerung unser Körper bleibt, so sind auch die verschiedenen Stufen unserer Persönlichkeitsentwicklung letztlich Wachstum und Werdegang unseres höchstpersönlichen Lebens. Mir selbst ist es dabei wichtig, auf den Beginn meines Lebens zu schauen, meinen *Wert-Wurzeln* nachzuspüren, weil ich mir dort wirklich begegne, weil dort das Geheimnis meines Lebens begründet ist. Ich möchte damit nicht ausschließen, dass jede Lebenszeit ihre Bedeutsamkeit hat, sondern ich möchte dazu ermutigen, sich auf die Suche nach den *persönlichen Quellgründen und Kraftquellen* zu begeben, die uns von Geburt an innewohnen. Für mich werden Lebensmomente oder Lebenszeiten gleichsam zu einem heiligen Ort, wenn sich in ihnen eine solche Kraft entfaltet, dass Neues und Unerwartetes geboren wird. Wenn ich zurückdenke an die vielen

Leben ist Werden

ersten Begegnungen meines Lebens, nicht nur zurückdenke, sondern mich bewusst einfühle, dann kann ich mich dieses Zaubers des Anfangs immer wieder neu vergewissern. Ich lasse mich darauf ein, die Begeisterung des Anfangs leibhaftig spüren zu wollen, ohne mich von der Angst vor bestehenden Realitäten abschrecken zu lassen, die mich erkennen lässt, dass vieles nicht so geworden ist, wie ich es mir gewünscht habe.

Zum Leben jedes Menschen gehört diese Erfahrung des Noch-Nicht, Nicht-Mehr oder Nicht-Könnens. Dabei können diese *Fragmente,* also gerade auch das Fehlende meines Lebens, zur Chance für die Menschen werden, die mir begegnen, denn dieses Fehlende ist die andere und ergänzbare Seite meines Lebens. Ebenso wie die Seite meines Könnens kann ich diese den Menschen hinhalten, um mir selbst näherzukommen. Sie sind Einladung und Ermutigung, sich mir zu nähern, weil ich gerade in meiner Unzulänglichkeit ihnen eine meiner natürlichsten Seiten hinhalte. Letztlich sind sie Einladung, mich zu ergänzen und in mein Leben hineinzuströmen.

Leben ist Berufung   Jeder Mensch ist unbestritten einmalig, ist unwiederholbares Individuum und dies schließt sein Können und sein Nichtkönnen genauso wie sein Wollen und Nichtwollen mit ein. Es ist die ureigene *Lebensaufgabe,* ja im wörtlichen Sinne unsere „Berufung", das Lebenspotential, ich meine damit nicht ein fertiges Lebensbild, welches Gott in uns hineingelegt hat, in einem kreativen Akt zu entfalten und zum Leben zu erwecken.

Leben ist Begrenzung   Und doch, oft genug erleben wir die realen *Grenzen* im Umgang mit uns selbst und mit anderen. Die eigenen Grenzen jedoch sind die

Chance Gottes, können zu „Gottes Raum" und zur Einladung für die Menschen werden. Gott muss ergänzen, was an unserem Leibe noch fehlt, so schreibt es der heilige Paulus in einem seiner Briefe. Doch wie geschieht diese Ergänzung Gottes, was muss ich tun oder, besser gesagt, was setzt dies bei mir voraus? Was muss ich geschehen lassen?

Leben ist Ergänzung

Wenn wir von Ergänzbarkeit sprechen, berühren wir immer die Dimension des Fehlenden, des Noch-Nicht oder Nicht-Mehr. Wir begegnen diesem Aspekt auch dort, wo es darum geht, Verbindendes zu schaffen, Brücken zu bauen und Trennendes, Unterschiedliches zusammenzuführen. Damit wirkliche Ergänzung möglich ist, die nicht ausgrenzt, abgrenzt, Unterschiedliches oder Fremdes überschreitet, sind wir in einem ersten Schritt gefordert, genau hinzusehen. Es ist notwendig, die Unterschiede und Gemeinsamkeiten zu analysieren und uns bewusst zu machen. Ist dies gelungen, wird es davon ausgehend dann möglich sein, Verbindendes und Ergänzendes zu schaffen, wobei gerade die Nahtstellen zum Bestehenden besondere Aufmerksamkeit bedürfen, vergleichbar einer Schweißnaht. Eine so gestaltete, belastbare und wahrhaftige Verbindung und *Ergänzung* ermöglicht Neues und kann zur *„Geburtsstunde neuen Lebens"* werden. Dass dies wirklich eine hohe Anforderung darstellt und ein Höchstmaß an Kreativität, Kompetenz und Geist fordert, unterstreicht das folgende Wort von Benno Reifenberg: „Das höchste Maß der Bildung besteht darin, in ein altes Gefüge das notwendige Neue einzufügen." Wo dies allerdings gelingt, geschieht gleichzeitig Heilung im Sinne von *ganz und vollständig* werden. Mein Erleben ist, dass mir eine große Kraft, Freude und Energie gerade aus solchen Prozessen gelingender und Leben spendender Ergänzung zufließt. Es ist die Erfahrung, dass ich etwas zu geben habe, was niemandem sonst auf der Welt zu geben möglich ist.

Leben ist Loslassen

Warum lähmt und hindert uns nur so häufig die Angst vor Veränderung, wenn in einem solchen Prozess des Neuwerdens so viel schöpferische Kraft und die Chance der Ganzwerdung verborgen sind? Immer dort, wo Neues geboren wird, geschieht auch Trennung, muss ich mit Widerständen rechnen und ist *Loslassen* gefordert. Für alle, die in Unternehmen auf verschiedenste Art besondere Verantwortung tragen, besteht die große Herausforderung darin, Veränderungsprozesse auch unter Berücksichtigung dieser Aspekte zu gestalten.

Leben ist Ganzheitlichkeit

Seit einigen Jahren werden *Rituale* in ihrer Bedeutung wieder bewusster wahrgenommen. Vielleicht liegt dies daran, dass unser menschliches Leben mehr denn je in der Gefahr steht, sich in verschiedene Lebensbereiche aufzulösen, die unabhängig nebeneinanderstehen. Vieles in unserem Leben scheint mehr und mehr jeder Zeit austauschbar zu sein, weil es kein verbindendes Gestern, keine verbindliche Tradition zu geben scheint. Jetzt Gültiges trägt zwar momentan, hat aber häufig kein Morgen. Manche Inhalte, Themen und Thesen haben verstärkt nur noch zeitbedingte Bedeutung und sind somit nicht dauerhaft wertschöpfend in das eigene Leben zu integrieren. Wir Menschen benötigen aber eine *durchtragende Wertedimension*. Wir brauchen verlässliche Orientierungshilfen, die uns Sicherheit und Rückhalt geben und zur Wertebasis für die vielfältigen Entscheidungen werden können.

Orientierung zu geben, diese Aufgabe haben seit Menschengedenken zahlreiche tradierte Rituale, die schon immer unabdingbare Hilfe für jede menschliche Gemeinschaft waren. Rituale können helfen, das Leben bei aller Unterschiedlichkeit und Einzigartigkeit zusammenzuhalten. *Rituale* können Sicherheit geben und sind durchtragende menschliche Erfahrung. Sie sind uns Hilfe, unseren eigenen Lebensrhythmus in der Dynamik einer Völker- und Lebensgemeinschaft zu finden, ohne das verbindende Gemeinsame zu gefährden oder gar zu verlieren.

Der ursprüngliche Sinn ritueller Handlungen war der, dass Menschen durch solches Tun ihren Hoffnungen, Wünschen, Ängsten, Gefühlen und Gedanken Ausdruck geben konnten, ohne den Schutz der eigenen Intimsphäre gänzlich aufgeben zu müssen. Ein rituelles Geschehen ist allgemein ein festgelegter, sich wiederholender Handlungsablauf, welcher eine symbolische Bedeutung besitzt, also auch auf einen höheren Sinn oder sogar ein höheres Sein verweist. „Ritus und Kultur", so sagt *Daniela Tausch-Flammer*, „schenken uns die Verbindung zum Heilenden und Heiligenden in uns und außerhalb von uns."

Bewusst Wiederholtes und wiederholt Erlebtes vermitteln uns ein stärkeres Gefühl der *Ordnung*, geben *Schutz* und schaffen *Geborgenheit* durch die Begegnung mit Vertrautem. Rituale geben emotional stark besetzten Momenten Würde und Format. Sie sind in ihrer stützenden, helfenden und heilenden Dimension auf den Menschen und auf Gott ausgerichtet. Sie stehen immer im Dienst von besonderen Lebenssituationen, gleich ob diese Abschied oder Neubeginn heißen. Rituale wollen Alltägliches hervorheben, ohne jedoch zum Selbstzweck zu werden. Rituale können deuten, begeistern und tiefes Erfülltsein zur bewussten Erfahrung bringen. Sie füllen nicht nur den Moment, sondern können zur Quelle werden, aus der ich schöpfen darf, weil sie tief in mir sinngebend Einwohnung nehmen. Darüber hinaus wird uns die Erfahrung geschenkt, dass sich das eigentlich Wirkende und Tragende auf immer neue Weise *ereignet*, ohne dass ich es neu bestimmen muss. Auf immer neue Weise geschieht so Begegnung mit dem Sinn und dem Sinngeber, der mein Leben stärkt, meine Lebensfragen aufnimmt und Entlastung schenkt. Selbst in Situationen voller Ohnmacht können Rituale ein Handeln ermöglichen. Wo wir mit unseren sonstigen Möglichkeiten an Grenzen stoßen und Lebenssituationen unser Begreifen übersteigen, wo Angst und Hoffnung zugleich auftauchen, wo Leiden und Tod uns begegnen, gerade dort erweisen sich Rituale als Brücken, über die wir vielleicht noch nicht gehen können, die jedoch scheinbar Unüberbrückbares zu verbinden vermögen.

Rituale haben stärkenden und stützenden Charakter, weil sie mir selbst meine innersten Sehnsüchte bewusst machen und mir einen tiefen Zugang zur Sicherung meiner eigenen *Identität* ermöglichen. Gerade die Liturgie in der Vielfalt der Religionen ist dazu Hilfe, schafft Zugang zum Göttlichen im Innersten meines menschlichen Daseins. Sie lassen mich mit dem Geheimnisvollen des Lebens oder, wenn ich von Gott rede, mit ihm in Berührung kommen. Rituale können in uns die Zuversicht erhalten, in den Wirren und Anforderungen des Lebens nicht zu versinken, und helfen uns, die tiefer liegenden Begründungen unseres Daseins zu erspüren.

Wichtig bei allen Überlegungen und allem Tun ist hier das Moment der Wiederholung.

Nicht durch einmaliges Tun entwickeln sich *Haltungen*, wird also auch unser Sein geprägt, sondern alles ist im wörtlichen Sinne zu *üben* und *einzuüben*. Vielfältige Therapieansätze machen sich diese Erfahrung zunutze. Regelmäßig Wiederholtes soll Heilung und Veränderung für Körper, Geist und Seele positiv unterstützen. Damit Äußerliches mit unserem Inneren in Berührung kommen, ja es uns formen oder gar wandeln kann, ist es in einem ersten Schritt notwendig, sowohl meine Ängste und Begrenzungen als auch meine Blockaden und inneren Verspannungen bewusst wahrzunehmen. Erst dann wird es mir möglich sein, diese behutsam anschauend durch Einüben in eine neue Gewohnheit zu lösen.

Genauso wie ein Prozess der Wandlung und Veränderung ein *Innen und Außen* hat, so geschieht Heilung in dieser Doppelperspektive, ist das *Gelingen eines Veränderungsprozesses* nur dann möglich, wenn die inneren wie die äußeren Dimensionen berücksichtigt werden. Da Körper und Geist eine Einheit bilden, dass heißt einander beeinflussen, müssen dort, wo Bewegung und Veränderung gefordert sind, beide Dimensionen, Äußeres und Inneres, in den Blick genommen werden. Denn unser Äußeres ist nicht nur Wahrgeber meines Inneren, sondern bietet auch die Möglichkeit, in das Innen hineinzuwirken.

Die christliche Tradition spricht bei gelungener Durchdringung und dem harmonischen Zusammenspiel eines Innen und Außen von *Kontemplation*. Kontemplation ist letztlich Zusammenschau von Leib und Geist, von Gott und Welt. Kontemplation heißt, und hier begegnen wir erneut den Gedanken zu Beginn dieser Ausführungen, andere teilhaben zu lassen an meiner inneren Glut und Begeisterung. Der Ort der Kontemplation ist immer dort, wo ich mich gerade aufhalte, wo ich in den Anforderungen meines Lebens stehe. Gerade dort, mitten in der Aktion, bleibt Kontemplation die eigentliche Kraftquelle. Diese Kraftquelle wird gespeist aus der Verbundenheit mit Gott, aus dem Vertrauen auf seine Zusage: Ich bin bei dir, und der Hoffnung auf ihn, die da heißt: „Du führst mich hinaus ins Weite, du machst meine Finsternis hell!

Der heilige *Franziskus* lebte aus diesem Geist der Kontemplation, textete und verfasste Lieder und Gebete, weil er seine Mitbrüder für die Zuwendung Gottes begeistern wollte. Er ruft den Menschen nicht nur zu: „Wir alle sind vom Geheimnis Gottes geprägt", nein, diese *Prägung* Gottes ist im Außen sichtbar und ablesbar in der Art und Weise, wie er lebt. Die Prägung durch das Geheimnis Gottes verdichtet sich im Inneren und Äußeren des Heiligen so stark, dass es sich in den Wundmalen an Händen, Füßen und in seiner Seite auch körperlich zeigt. Und so überliefern uns bereits die ersten Biographen, dass der ganze Mensch innerlich und äußerlich eine Sendung und so letztlich die Fortführung der Zuwendung Gottes war. Aus der eigenen und ganzheitlichen Gottzugewandtheit lebt er eine eben solche Zuwendung zu den Menschen und zur Schöpfung.

Selbst in der Welt mit all ihren Konflikten und Nöten können wir *gottverbunden* leben.

Leben ist Gebet

Da, wo dies sich uns erschließt und geschenkt wird, entdecken wir die Kontemplation als wahre Kraftquelle. Kontemplation ist Staunen, Ehrfurcht, Güte und Ergriffenheit, die unser Herz auf Gott hin ausrichtet und für ihn öffnet. Sie lässt uns alle Dimensionen unseres Seins erfahren und auch unsere Leere und Ohnmacht spüren. Doch gleichzeitig lässt sie uns die *unauslöschbare Würde* erkennen, die Gott uns Menschen gegeben hat, weil er uns nach seinem Abbild geschaffen hat. Diese unauslöschbare Würde ist für mich die eigentliche Heilquelle. Ihr Wasser ist köstlich, weil es die für uns fließende Liebe Gottes ist, eine Quelle, die nie versiegt.

In der Heiligen Schrift wird Wasser häufig zum zeichenhaften Symbol der Heilung und inneren Reinigung. Es vermittelt Klarheit und wird schließlich zum Träger des Segens. Selbst Geschenk Gottes, sollen wir zum Geschenk für uns selbst und für andere werden. Wir sollen unserem Ich die Freiheit geben, diesem Ich, welches Gott in uns hineingelegt hat. Wir sollen alle selbstzerstörerischen Ideen und Vorurteile gegenüber anderen aufgeben, die dich und mich hindern, einander näherzukommen. Wir sind aufgerufen, auf die Reise zu uns selbst zu gehen, andere auf diese Reise mitzunehmen, weil nichts schöner ist, als einander auf dieser Reise zu begleiten. Vielleicht entdecken wir auf diese Weise unser ganz persönliches Charisma, das Geschenk unseres eigenen Lebens.

Heil und Unheil, Gelingen und Nichtgelingen sind eben nicht nur die äußerliche Beschreibung eines Zustandes, sondern betreffen vor allem das Innere des Menschen, seinen Seelenzustand. In diesem Sinne leben *Veränderungsprozesse auch aus einer spirituellen Dimension.* Denn gerade diese spirituelle Dimension bietet zusätzliche Potentiale zur Bewältigung solcher Prozesse, die uns Menschen häufig in unserer Ganzheitlichkeit von Geist, Leib und Seele berühren. Immer wieder berichten Menschen davon, wie sich in ihrem Inneren eine für unmöglich gehaltene Kraft entwickelte, die ihnen auch in schwerster

Lebenskrise eine veränderte Lebenswelt erschlossen hat, und sie trotz aller Bedrängnis zu einer neuen *Sinnhaftigkeit* gefunden haben. Die Erfahrung, in tiefer Versöhnung mit dem Innen, also mit mir, und dem Außen, den Menschen, zu leben, schenkt größte Zufriedenheit und lässt erahnen, was es heißt, glücklich zu sein.

Weisheitstext

Leben ist Versöhnung

Der Künstler *Josef Beuys* hat ein Kunstwerk zur Lebens- und Berufungsgeschichte des Spaniers und Ordensgründers der Jesuiten, *Ignatius von Loyola*, geschaffen. Nach einer Kriegsverletzung hatte *Ignatius* ein mystisches Gottes-Erlebnis, welches sein Leben grundsätzlich veränderte. *Josef Beuys* gab seiner Arbeit den Titel „Zeige deine Wunde". Er wollte damit die existenzielle Erfahrung von uns Menschen aufgreifen, wie bedeutsam es ist, gerade auch *die Wunden des eigenen Lebens anzuschauen*. Nicht nur sie selbst anzuschauen, sondern sie sogar in einem geschützten Raum *anderen hinzuhalten*. Aus diesem liebenden Hinschauen kann Versöhnung gelingen. Es kann Heilung geschehen, aus welcher dann sogar gänzlich Neues und Sinnhaftes erwächst.

Dieser Gedanke wird auch in Kapitel 20,24–28 des Johannesevangeliums aufgenommen, wo durch die Begegnung *Jesu* und das Herzeigen seiner Wunden dem verunsicherten und in tiefer Resignation stehenden *Thomas* der Zugang zu einer neuen Lebenswelt verschafft wird.

Nachdem in den vorangegangenen Versen berichtet wird, wie *Jesus* nach seiner Auferstehung in die Mitte der Jünger tritt, die hinter verschlossenen Türen Schutz gesucht haben, wird sodann von dieser Begegnung berichtet:

„Thomas aber, einer von den Zwölfen, genannt Didymus, war nicht bei ihnen, als Jesus kam. Die anderen Jünger sagten zu ihm: Wir haben den Herrn gesehen! Er aber sagte zu ihnen: Wenn ich nicht an seinen Händen das Mal der Nägel sehe und nicht meine Finger in das Mal der Nägel und meine Hand in seine Seite lege, glaube ich nicht.

Acht Tage darauf waren seine Jünger wieder drinnen im Hause und Thomas mit ihnen. Da kam Jesus bei verschlossenen Türen, trat in ihre Mitte und sprach: Friede sei mit euch! Dann sprach er zu Thomas: Reiche deinen Finger her und sieh meine Hände und reiche deine Hand und lege sie in meine Seite und sei nicht ungläubig, sondern gläubig! Thomas antwortete ihm: „Mein Herr und mein Gott!"

Leben ist Heilung

Immer da, wo uns die Bibel von den Begegnungen *Jesu* mit den Menschen berichtet, geschieht *Heilung und Heil*, wird Zweifel in Zuversicht gewandelt. Es geht eine Kraft von ihm aus, die die Menschen Verborgenes neu sehen und erkennen lässt, Verzweiflung in Zuversicht wandelt, neues Leben verheißt und Zugang zu den eigenen Lebenskräften schenkt. Die spirituelle Dimension heilt, sie ist heilsame Begegnung. In der eben erwähnten heilsamen Begegnung des *Thomas* mit *Jesus* nimmt dieser den zweifelnden *Thomas* ernst. Er lässt ihn nicht nur seine Not und Angst benennen, sondern geht sogar auf seinen Wunsch nach Sicherheit ein. Er lässt die zaghafte und doch so intime Geste der Berührung seiner Wunden nicht nur zu, sondern er ermutigt ihn dazu. Es scheint fast so, als führe er die Hand des *Thomas*, um ihm die Angst vor den Wunden des eigenen Lebens zu nehmen. Doch bereits das Zeigen seiner Wunden genügt *Thomas*, um zu erkennen und zu bekennen. *Thomas* lässt ab von seinem Drängen nach Beweisen und lässt sich im Innersten berühren. Das macht ihn frei von jedem Zweifel. Um den Aufbruch aus den eigenen Lebensängsten und der eigenen Hoffnungslosigkeit wagen zu können, brauchen wir Menschen solche ermutigenden Zeichen der Zuwendung und Aufmerksamkeit. *Thomas* ist diese Erfahrung jedoch nur möglich, weil ihm die anderen Jünger seine persönlichen Zweifel nicht ausreden, sondern zu ihm stehen, bei ihm bleiben und gemeinsam mit ihm auf die Erfahrung einer zweiten Chance warten.

Leben ist Begegnung Wir Menschen sind notwendig auch auf das Stärkende einer *Gemeinschaft*, das Gestütztwerden durch andere Menschen in unserem Arbeits- und Lebensumfeld angewiesen. Auch in den Anforderungen unseres Führungsalltags können wir nur durch ein solches vertrauensbildendes, lebensförderndes *Miteinander* bestehen. Nur auf einem solchen Boden kann Frucht wachsen und wird Ernte möglich. Wie *Thomas* benötigen wir diese Erfahrungen des Zutrauens, um zu unseren Schwächen und Fehlern stehen zu können. Wie dankbar dürfen wir sein und welche Kraft kann sich in unserem Leben entfalten, wenn *heilende Begegnungen* von solcher Art geschehen. Und wir müssen diese nicht nur erwarten, sondern wir selbst sind aufgerufen, uns hinzuhalten und Hand anzulegen, damit sich Leben auch in und mit dieser Intensität durch unser eigenes Zutun ereignet und wachsen kann.

Meditation

Wir werden nie vor Einsamkeit sterben, wenn es auf der Welt nur einen einzigen Menschen gibt, den wir völlig ohne Scheu und ohne uns verstecken zu müssen auf diese ehrliche Weise berühren können. Es ist Geschenk, einen solchen Menschen zu kennen oder selbst für jemanden ein solcher Mensch sein zu dürfen. Es kommt vielleicht nur sehr selten vor oder scheint ein mühsamer Weg zu sein und doch, wir sollten uns wenigstens für die Möglichkeit eines solchen Vertrauens entscheiden, denn allein dies kann zu einer Hoffnung werden, die selbst in großen Krisen trägt.

Träger des eigenen Lebens werden Wenn wir einander zur *Einmaligkeit* ermutigen, lässt uns dies zum gegenseitigen Geschenk werden. Richtiges Wachstum hat immer auch das Gegenüber im Blick, weil Wachstum niemals nur aus eigener Anstrengung geschehen kann.

Jesus selbst, so lesen wir es in der Heiligen Schrift, sagt: „Wer der Größte unter euch sein will, sei der Diener aller" (Mt 20,26). Wer der Größte sein will, will auch für andere zum Geschenk werden, so könnte es im Kontext dieser Gedanken heißen.

Darüber hinaus gibt es eine weitere in sich kraftvolle Eigenschaft, die als solche allzu häufig übersehen wird, weil wir echtes Erwachsensein zu leicht damit gleichsetzen, unabhängig zu sein. Wir sind davon überzeugt, unabhängig zu sein, also nach Möglichkeit niemanden zu brauchen, sei ein erstrebenswertes Ziel. Jedoch erkennen wir bei genauerem Hinschauen leicht, dass eine solche Haltung Gefahr läuft, zur Vereinsamung und zur Einsamkeit zu führen. Wir wissen alle, wie wunderbar es ist, gebraucht zu werden, und wie schön es sein kann, wenn ich jemandem sage: „Ich brauche dich!" Welch eine ermutigende Zusage, die wir so einander schenken dürfen. Hinter einer solchen Zusage verbirgt sich ja die große Chance, dass unsere verschiedenen Leben einander berühren und aus dieser Berührung etwas Einzigartiges erwachsen kann. Die Offenheit und die Bereitschaft zur Begegnung sind das Saatgut für Wachstum.

Leben ist Unterwegs-Sein

Bei der Suche nach unseren *Kraftquellen* geht es somit immer auch darum, mich von dem, was mich lähmt, ängstigt oder meine Sinne betäubt, ja bis zur Sinnlosigkeit führen kann, zu befreien. Mich auf den Weg zu meinen Kraftquellen zu begeben ist bereits Schöpfen und Wachsen, weil ich zur Quelle *unterwegs bin* und diese mir entgegenkommt. Sicherlich, jeder Weg ist auch Wagnis und fordert mich. Doch im Gehen wächst mir die notwendige Kraft zu, wenn ich weiß, warum und wohin ich unterwegs bin. Das Geheimnis des Lebens liegt ja gerade auch darin, unterwegs zu sein, und nicht, möglichst schnell anzukommen, wie es eine alte Weisheit sagt.

Unterwegs-Sein zur Lebensquelle

Ich muss um meine *Lebensquellen* wissen, damit das Unterwegssein nicht nur Gedanke bleibt, sondern sich wirklich hineinsenken kann in mein Innerstes. Damit erfülltes Leben auch mit seinen Belastungen und Krisen Platz in mir finden und zur Ruhe kommen kann, muss ich um meine Quellen wissen. Erst dann können Wissen und Erkenntnis zur Ermutigung werden und mir die Kraft geben, mich tatsächlich weiter auf den Weg zu machen und auf dem Weg zu bleiben. Ziel all dieser Überlegungen ist es, den entdeckenden Blick für die oft verborgenen

Kraftquellen meines Lebens zu schärfen, ohne diese bestimmend vorzugeben. Ich darf mir dabei sicher sein, dass solche Kraftquellen, die mein Leben nähren, die mir helfen, in meinem Menschsein zu wachsen, und mir Halt geben, existieren. Vielleicht muss ich jedoch nach ihnen graben, damit ich das klare Quellwasser schöpfen kann. Nicht ohne Grund sagen wir: Ich muss eine Quelle aufsuchen, mich auf die Suche nach dem Ursprung begeben. Wir haben auf den Beginn des Lebens geschaut mit all seiner Einzigartigkeit, die jedem Menschen als großes Geschenk anvertraut ist. Es erfordert Mut zu lernen, dieses Geschenk des eigenen Lebens *in all seinen Formen mit liebendem Blick ansehen* zu können. Doch nur im achtsamen Hinschauen ist es möglich, das eigene Leben wirklich liebzugewinnen und sich für diese Einmaligkeit begeistern zu lassen. Wem dies gelingt, der wird stark genug sein, mit anderen Menschen Gemeinsamkeiten entdecken zu wollen und zu können, weil er dies tun kann, ohne die Sorge zu haben, sich selbst zu verlieren.

Leben ist Achtung

Ein wirklich in sich ruhender und zu sich stehender Mensch hat gelernt, das Eigene zu lieben und das Andere, ihm Fremde, zu *achten.* Dies kann ein weiterer Schlüssel sein, den Anforderungen des eigenen Lebens und den Herausforderungen des beruflichen Alltags chancenorientiert und offen gegenüberzutreten zu können.

All diese Gedanken können vielleicht Impulse geben, wie und wo ich mich auf die Suche nach meinen eigenen Kraftquellen begeben kann. Sie wollen aufzeigen, welch lebensspendende Kräfte in uns verborgen sind. Sie wollen dazu ermutigen, aus ihnen zu schöpfen. Wir alle sind eingeladen, entlang des eigenen Lebensflusses mutig aufzubrechen und uns auf die Suche nach unseren persönlichen Kraftquellen zu begeben. Wichtig ist jedoch, dass wir aufbrechen und gelöst losgehen, denn *dies* können wir nur selbst tun. Dies ist der notwendige Beginn, und dieser lässt sich nicht delegieren.

Leben heißt: Werde! In jedem von uns lebt etwas Authentisches, mit dem wir geboren werden, mit dem wir leben und mit dem wir auch sterben werden. Unsere Aufgabe ist es, dieses Etwas immer mehr freizulegen, mir selbst und anderen zugänglich zu machen und einfach auf wunderbare Weise wir selbst zu werden. Wir sind nicht unsere Rollen, unsere Fehler oder Titel – das wirklich Unverwechselbare bleibt das Geheimnis unserer Einmaligkeit, die voller Wunder ist. Wenn wir diesen Blick für uns selbst haben, dann kann es uns auch gelingen, das Wundervolle im Leben anderer zu suchen und zu finden.

Leben ist Aufbruch *Michelangelo* wurde einmal gefragt, wie er seine großen Werke wie den David oder die berühmte Pietà, die im Petersdom in Rom zu bewundern ist, geschaffen habe. Er antwortete: „Ich stelle mir die Figur bereits im jeweiligen Marmorblock als vorhanden vor und muss nur noch das Überflüssige weghauen." Er enthülle gleichsam das, was schon immer da gewesen sei. Diesen Gedanken möchte ich jedoch noch um einen ergänzenden Blick erweitern. Leben heißt sicherlich, dass uns *etwas Bestimmtes zugerufen ist*. Und doch gilt, das *Vorbestimmte* verhindert nie die Möglichkeit, dass wir in schöpferischer Weise *unvorhersehbar Neues* emporschaffen dürfen und können.

Zitate und Aphorismen

Alles wirkliche Leben ist Begegnung.
MARTIN BUBER

*Das höchste Maß der Bildung besteht darin, in ein altes Gefüge
das notwendige Neue einzufügen.*
BENNO REIFENBERG

*Alle lebendigen Gebilde erneuern sich nur durch Rückkehr
zu den Quellen und Kräften, aus denen sie einst
ihren Anfang genommen haben.*
ARISTOTELES

*Was wir im Auge haben – das prägt uns. Worauf wir schauen –
dahinein werden wir verwandelt.*
HEINRICH SPAEMANN

*Wenn du nicht versuchst, etwas über das bisher
Geleistete hinaus zu tun, wirst du niemals wachsen.*
WEISHEIT

Die Gedanken, die wir denken, gestalten unsere Zukunft.
WEISHEIT

*Wir werden nicht durch die Erinnerung an unsere Vergangenheit
weise, sondern durch die Verantwortung für unsere Zukunft.*
GEORGE BERNARD SHAW

Kleine Taten, die man ausführt, sind besser als große,
die man plant.
GEORGE C. MARCHALL

Es gibt Wirklichkeiten, die wir nur mit unserem Herzen verstehen
und erst allmählich mit unserem Verstand, und zwar in dem
Maße, in dem wir uns von unserem Herzen erleuchten lassen.
PAPST BENEDIKT XVI.

Man erzieht durch das, was man sagt, mehr noch durch das, was
man tut, am meisten aber durch das, was man ist.
IGNATIUS VON ANTIOCHIEN

Der Mensch ist das, was er liebt.
MEISTER ECKHART

Wer sich nicht bewegt, wird nichts bewegen.
JOACHIM KARDINAL MEISNER

Impulse zum Weiterdenken

Die anschließenden Impulsfragen wollen Anregung sein, Erfahrenes und Gelesenes in einen fruchtbaren Austausch zu bringen. Eine wesentliche Voraussetzung für einen guten Weg zur *Selbstverwirklichung* ist eine möglichst klare *Selbsterkenntnis*.

Die Gedanken dieses Kapitels sollen dazu ermutigen, das eigene Leben als einen Weg der Selbsterkenntnis und der Selbstverwirklichung zu gestalten.

Sehr leicht stehen wir in der Gefahr, nicht nur wichtige und prägende Lebensmöglichkeiten zu übersehen und in ihrer Bedeutung nicht zu bedenken. Die Wirklichkeiten des eigenen Lebens jedoch als reale Lebensmöglichkeit zu nutzen ist letztlich nicht ohne innere Einkehr möglich. Schauen Sie doch einmal vor diesem Hintergrund auf Ihr eigenes Leben und den Lebensweg entlang zurück. Halten Sie inne, wo Ihnen besondere Entwicklungsmöglichkeiten bewusst in Erinnerung kommen, und benennen Sie diese so konkret wie möglich.

Impulsfragen Genaues Hinsehen und fruchtbares Nachdenken leben wesentlich von geeigneten Fragen, die gleichzeitig einen hohen Aufforderungscharakter besitzen.

Welche Erfahrungen oder Begegnungen haben mich mir selbst nähergebracht?

Was habe ich dabei für mich entdeckt?

Wodurch hat sich meine Sichtweise auf das Leben verändert und wurde mein Horizont erweitert?

Was war und sind die Überraschungsmomente meines bisherigen Lebensweges?

Was will noch in mir zum Leben erweckt werden?

Aus welchen Kraftquellen kann ich bereits schöpfen und welche würde ich mir gerne erschließen?

Labyrinth und Lebensmitte

Um sich auf andere Weise diesen Fragen zu nähern oder sich Lebensphasen bewusst zu machen, können Sie auch Ihren Lebensweg in Form eines Labyrinthes zeichnen, das sich, wenn auch auf vielen Umwegen, letztlich doch der Lebensmitte nähert. Markieren Sie besondere Lebenswenden, prägende Erfahrungen und Begegnungen.

Der folgende Text nun bietet eine weitere Möglichkeit der Auseinandersetzung mit dem Gesagten. Solch eine geschriebene „Zurückerinnerung" ist eine kreative Weise, dem Eigenen nachzugehen. Vielleicht ist dies auch für Sie eine Anregung, das Bild Ihres bisherigen Lebens „nachzuzeichnen"?

Lebensjahre

Ein Blick zurück
mit Augen voller Dank,
sehend, entdeckend,
geweitet durch
lebendige Erfahrung,
Augenblicke,
mit dem Herzen gesehen,
ausgeweitet zu Erfahrungen,
werden zu Selbsterfahrungen.
Kinderaugen sehen alles neu,
angefüllt mit der Freude des Herzens,
die Erwartung heranreifen lässt.
Lebenserwartungen,
die tragen
und darin Gott erfahren,
der trägt,
der uns trägt,
austrägt,
bis wir neu geboren werden.
Br. Ulrich Schmitz

Der nächste Text mit dem Titel „Lebenswert" will bewusst machen, dass wir Menschen aufgerufen sind, das Eigene nicht nur für uns zu behalten, sondern in Beziehung zu bringen. Der Wert des Menschen ist nicht nur die Summe seines Tuns, sondern ist innewohnendes Geheimnis und der Auftrag, er selbst zu werden. Es ist gerade auch die Kraft und Energie seiner Liebe, die es ihm ermöglicht, Verantwortung zu übernehmen und

Toleranz gegenüber Andersdenkenden und Andersmeinenden zu üben.

Welche Erfahrung mache ich mit Blick auf meine persönlichen Anlagen und Fähigkeiten?

Wo sind sie mir Hilfe in meinen beruflichen Anforderungen und persönlichen Lebensvollzügen?

Lebenswert

Wert des Lebens
Du und ich – wert zu leben
Geschenk und nicht Verdienst
beschützt und geliebt
dem Leben anvertraut und nicht ausgesetzt
hineingeworfen und doch aufgenommen
Reise und Weg
voll Ungewissheit und mancher Angst
angewiesen auf deine Hand
damit das Leben am Rand
aufbrechen kann zum Miteinander

Möglichkeit für Dich und mich
wachsen zu einem Mehr an Leben

Du und ich – nicht nur Du
Einladung und Annahme
Zuwendung und nicht Ausgrenzung
nimm mich so wie ich bin

denn nur so kann ich leben
kann bereit sein zu lernen
habe Mut für Unbekanntes

Ich angewiesen auf Dich
und doch auch Du weniger ohne mich
manchmal auch Zumutung
und doch voller Sehnsucht
bereit alles zu geben
nicht nur zu nehmen

lernend und lehrend
bitte – lass mich mir
und ich vertrau mich Dir
so wie Du mich wahrnimmst
und Du Dich wahrgibst
kann unser Weg wachsen
über diese Zeit hinaus
denn Spuren der Liebe sind ewig
Br. Ulrich Schmitz

Es geht also darum, die eigenen Möglichkeiten klarer zu erkennen und entschiedener zu nutzen. Denn die *eigenen Charismen* klarer zu erkennen hilft, die eigene Identität leichter zu finden. Doch wenn Selbstverwirklichung nichts anderes wäre als das Wachsen unserer Natur, also die natürliche Entfaltung all dessen, was in uns steckt, dann könnten wir kaum von einer lebenslangen *Aufgabe* sprechen. So ist es denn auch nicht. Wir selber sind gefordert, einzugreifen, zu wählen, zu entscheiden und zu korrigieren. Wir dürfen aus dem Geschenk leben, selbst der Anfang von etwas Neuem zu sein! Dies ist die aktive und nicht zu vernachlässigende Seite unseres Lebens. Es ist unsere Berufung, immer mehr zu dem zu werden, der wir sein wollen.

Als letzten Denkanstoß möchte ich noch einen Text aus dem 2. Korintherbrief anfügen. Hier zeigt *Paulus* auf sehr anschauliche Weise, wessen Handschrift unser Leben mitbestimmt. Schließen möchte ich mit dieser Frage:
Wo erkenne ich die „Handschrift Gottes" in meinem Leben und im Leben der Menschen?

Unser Brief seid Ihr,
hineingeschrieben in unsere Herzen,
anerkannt
und gelesen von allen Menschen.
Offen daliegend seid ihr,
ein Brief Christi,
besorgt von uns,
geschrieben nicht mit Tinte,
sondern mit dem Geist des lebendigen Gottes,
nicht auf Tafeln von Stein,
sondern auf Tafeln menschlicher Herzen.

So große Zuversicht haben wir
durch Christus vor Gott,
nicht weil wir von uns aus fähig wären,
etwas als eigene Leistung anzurechnen,
unsere Fähigkeit stammt vielmehr von Gott.

Er hat uns auch befähigt
zu Dienern des Neuen Bundes,
nicht des Buchstabens,
sondern des Geistes;
denn der Buchstabe
macht tot,
der Geist aber
lebendig.
2 Kor 3,2–6

Führen der eigenen Person
Warum sich selbst führen und weiterentwickeln?

Der Mensch ist das einzige Geschöpf, das erzogen werden muss ...
Ein Tier ist schon alles durch seinen Instinkt;
eine fremde Vernunft hat bereits für dasselbe besorgt.
Der Mensch aber braucht eigene Vernunft.
IMMANUEL KANT

Zum Einstieg

„In der Krypta der Westminster Abtei sind auf dem Grabstein eines anglikanischen Bischofs die folgenden Worte zu lesen:

,Als ich jung und frei war und mein Vorstellungsvermögen keine Grenzen hatte, träumte ich davon, die Welt zu verändern. Als ich älter und weiser wurde, entdeckte ich, dass sich die Welt nicht ändern würde. Also schränkte ich mich ein und beschloss, nur mein Land zu verändern. Aber auch das schien nicht möglich.

Als ich in meinen Lebensabend eintrat, versuchte ich in einem letzten verzweifelten Versuch nur meine Familie zu verändern, jene, die mir am nächsten standen. Doch auch sie ließen es nicht zu.

Jetzt, da ich auf dem Sterbebett liege, wird mir klar: Wenn ich mich selbst zuerst geändert hätte, dann hätte ich durch mein Beispiel meine Familie geändert. Durch ihre Ermutigung wäre ich in der Lage gewesen, mein Land zu verbessern und vielleicht hätte ich sogar die Welt verändert.'"[*]

Diese Geschichte erinnert an die Frage G. B. *Shaws*, wer denn die besten Reformer der Welt seien. Die Antwort ist klar: *Die besten Reformer der Welt sind die, die bei sich selbst beginnen.* Das Wunder beginnt an der eigenen Nasenspitze. Wir neigen eher dazu, andere zu verändern, Umstände umzugestalten und Rahmenbedingungen zu kritisieren, statt mit uns selbst zu be-

[*] Aus: M. Nöllke, Anekdoten, Geschichten, Metaphern für Führungskräfte. Freiburg-Berlin-München 2002, 48.

ginnen. Natürlich bedeutet, das eine zu tun, nicht, das andere zu lassen. Es geht eher um die Frage der Priorität, des Spielraums und der Gefahr, auszuweichen und sich in Ausreden zu flüchten, statt mit den Veränderungen bei dem zu beginnen, was das Nächstliegende ist, bei mir selbst.

Mit sich selbst die Veränderungen zu beginnen, antwortet auch auf die altbekannte Frage „Woran arbeiten Sie lieber? An sich oder anderen?" mit der klaren Priorität, dort zu beginnen, wo am meisten Spielraum ist. Wer sich selbst nicht bewegt, so *Joachim Kardinal Meisner*, kann auch nicht andere bewegen. Der Grundgedanke dabei ist, dass sich die Welt in dem Maße ändert, in dem wir uns selbst ändern. Dies ist sicherlich eine Übertreibung, aber vielleicht nur eine kleine. Die Welt ändert sich gewiss nicht exakt in dem Maß, in dem wir uns ändern. Aber in dem Maß, in dem wir uns ändern, setzen wir neue, frische Signale, die auf andere wirken, Impulse, die auch zu Veränderungsimpulsen für andere werden können. Der Resonanzboden wird umgewandelt. Es gilt auch hier das Wort *Mahatma Ghandis*: Wer Wandel erreichen will, muss ihn vorleben.

(Management-)Reflexionen

Führen und geführt werden

Warum sollen wir uns selbst führen und uns selbst entwickeln? Geschieht dies nicht ohne Mühe weithin von ganz allein?

Der Mensch ist von Natur aus ein Wesen der Kultur. Solange er sich nicht selbst führen kann, steht er unter der Führung anderer, die ihn prägen, führen und leiten. In dem Moment, wo ein Mensch zu sich selbst erwacht, erwachsen wird und *sein eigenes Leben führen will*, wird er beginnen, seinen persönlichen Weg zu entdecken und zu gehen. Die erste Antwort auf die Kapitelfrage „Warum sich selbst führen und entwickeln?" ist darum schlicht und einfach: weil dies der Weg des Menschseins überhaupt ist. Es ist von Natur aus so vorgesehen. Das heißt: die Möglichkeit und Freiheit ist von Natur aus vorgesehen, die Chance und Gelegenheit ist allen gegeben. Aber es ist nichts, was sich von selbst macht. Nicht jeder wird die Chance ergreifen und wahrnehmen. Denn sich selbst zu führen, ist ein Wagnis und Abenteuer, das nicht ohne Mut und Konflikt vonstattengeht. *Goethe* mahnt uns: Wer sich nicht selbst befiehlt, bleibt immer Knecht.

Eigenverantwortung

Wenn ich als Führungskraft meinen Weg finden und gehen will und dabei nicht einfach Spielball äußerer Kräfte sein möchte, muss ich *Selbstführung* praktizieren. Selbstführung oder Selbstmanagement bedeutet zuallererst, dass ich bereit bin *Verantwortung für mich selbst* zu übernehmen. Auch Führung macht sich nicht von alleine. Es liegt doch wesentlich an mir, das in mir zu bilden und zu gestalten, was ich als gute Führungskraft brauche. Ich muss bereit sein, an mir zu arbeiten, meine Kräfte zu mobilisieren, geduldig zu sein, auszuprobieren und allmählich und immer besser in eine Form hineinzuwachsen, die ich mir selbst gebe. Warum ich mich also selbst führe und entwickle? Die zweite Antwort lautet: damit ich das, was ich als Führungskraft sein will und tue, sehr gut tun kann.

Kraftquellen der Führungskraft

Halten wir einen kleinen Moment an dieser Stelle inne. In den letzten Abschnitten haben wir das Wort „Führungskraft" benutzt. Doch welches sind eigentlich die *Kraftquellen*, die einer Führungskraft zur Verfügung stehen? Zunächst gibt es die Quelle der *formalen Autorität*. Dies ist die *Positionsmacht*, die Rechte und Befugnisse, die mit meiner Stelle als Führungskraft verbunden sind. Dann gibt es die *Erfahrungs- und Wissensmacht*, die sich ein Mensch im Laufe seines Lebens angeeignet hat. Schließlich finden wir noch eine dritte Kraftquelle, die wir als *natürliche Autorität* bezeichnen können. Jede der drei Quellen ist für eine Führungskraft im Allgemeinen unverzichtbar. Wenn man allerdings Mitarbeiter fragt, was sie am meisten an ihrer Führungskraft überzeugt und in die Mitarbeit bringt, dann ist die Reihenfolge der drei Kraftquellen in der Regel eindeutig. Den ersten und wichtigsten Rang nimmt die natürliche Autorität ein, gefolgt von der Wissens- und Erfahrungsmacht, und zuletzt steht die formale Autorität. Was aber verstehen Mitarbeiter unter „*natürlicher Autorität*"?

Es handelt sich hierbei nicht um irgendwelche außergewöhnlichen Kräfte, auf die eine Führungskraft zurückgreifen müsste. Das „Charisma", um das es hier geht, ist kein ekstatischer Enthusiasmus. Sie wird vielmehr mit großer Regelmäßigkeit durch Dinge gekennzeichnet, die jede Führungskraft auch tatsächlich leisten und verwirklichen kann. Beispielsweise durch den Wert „Integrität", also die Stimmigkeit von Wort und Tat, dass nicht Wasser gepredigt und Wein getrunken wird. Dann durch den Wert der „Authentizität", also die Echtheit, dass die Worte und das Herz übereinstimmen und nichts vorgespielt wird. Der Wert „Gerechtigkeit", dass alle Mitarbeiter prinzipiell gleich behandelt werden und keiner besondere Privilegien genießt, spielt eine bedeutende Rolle. Die Fähigkeit der Empathie ist von großer Bedeutung, also das Vermögen des Perspektiventauschs, sich in andere einzufühlen, in ihren Schuhen zu laufen, mit ihren Augen zu sehen und dabei wertschätzend mit ihnen umzugehen. Insgesamt also die Fähigkeit zu einer offenen, lebendigen und respektvollen Kommunikation.

Mühelos können wir erkennen, dass sich diese Werte und Fähigkeiten mit dem Thema Spiritualität verknüpfen lassen, die ihrerseits zu einer weiteren und der vielleicht tiefsten Kraftquelle einer Führungskraft werden kann.

Gerecht werden und Vorbild

Als Führungskraft lebe ich jedenfalls nicht das Leben eines Robinson Crusoe. Da ich als Führungskraft für andere da bin, die ich führe, ist der Sinn der Selbstführung auch durch diesen Bezug mitdefiniert: Ich führe und entwickle mich selbst, damit ich *anderen Menschen gerecht werden* und ihnen auch ein *Vorbild* sein kann. Dies wäre eine dritte Antwort.

Führungsbild?

Wenn ich mich als Führungskraft selbst führen und entwickeln will, brauche ich auch ein *Zielbild* meiner Selbstführung. Habe ich ein solches Bild? Welche Vorstellung mache ich mir von einer guten Führungskraft? Ein Vorschlag, über den es nachzudenken sich lohnt, hängt mit der Unterscheidung von „Führen" und „Leiten" zusammen, von „Leadership" und „Management", die eine unterschiedliche Ausrichtung oder einen verschiedenen Schwerpunkt haben. Die folgende Tabelle illustriert in pointierter Form diesen Unterschied:

Fokus: Management	Fokus: Leadership
Leiten	Führen
Sache	Beziehung
Organisation	Menschen
Wie: do things right	Was: do right things
Effizienz	Effektivität
Harte Faktoren	Weiche Faktoren
Zahlen und Fakten	Werte und Visionen
Struktur und Prozess	Interaktion
Rational-intellektuell	Emotional-intuitiv
Kopf	Herz

Was ist der interessanteste Punkt an dieser Übersicht? Er ist an ihr selbst unmittelbar noch gar nicht zu erkennen. Es muss nämlich heißen „Management und Leadership". Das „und" ist entscheidend. Man darf nicht blind auf einem Auge sein, sondern muss mit beiden Augen sehen. Gute Führungskräfte sind solche, die sowohl das eine wie auch das andere beachten. Jeder hat sicher seine persönlichen Schwerpunkte, die aus seiner Neigung, seinem Naturell oder aus seinen Qualifikationen kommen mögen. Aber entscheidend ist, dass eine gute Führungskraft nur auf zwei Beinen stehen kann, Management und Leadership, welches von beiden auch immer das Tanzbein und welches das Standbein sein mag.

Wenn wir die Management-Seite einmal als „cool head" bezeichnen und die Leadership-Seite als „warm heart", dann können wir eine Art „Kurz-Formel" für eine gute Führungskraft finden. Eine gute Führungskraft wäre demnach „a person with a cool head, a warm heart and active hands", wobei wir „active hands" so verstehen können, dass die Führungskraft sich selbst vorbildlich engagiert und im Übrigen an sich arbeitet, lernt, lernt und lernt.

Integration und Balance

Eine leitende Zielvorstellung bei der Selbstführung ist die Vorstellung, allmählich zu *wachsen* und zu *reifen*, indem die Führungskraft Eigenschaften entwickelt und Fähigkeiten *integriert* und *balanciert*. Es geht darum, fachliche, methodische und soziale Kompetenzen auf- und auszubauen und mit ihnen zugleich seine eigene Persönlichkeit zu entwickeln. Dabei gibt es viele einzelne Fähigkeiten, die eine Führungskraft tagtäglich in ihrem Führungsalltag umsetzen muss. Sie soll zum Beispiel:

- Orientierung schaffen
- motivieren und überzeugen
- delegieren
- koordinieren und integrieren
- kommunizieren und Feedback geben
- Mitarbeiter entwickeln
- durchsetzen und entscheiden
- usw.

Wachstum und Authentizität

Alle diese Kompetenzen, denen bestimmte Führungswerkzeuge entsprechen, sollten allerdings glaubwürdig adaptierte Bestandteile der eigenen Persönlichkeit werden. Sie müssen *authentisch* sein und aus der eigenen Mitte entspringen. Denn die Menschen sagen ja ganz zu Recht, dass alle Dinge doch schließlich zu einem selbst „passen" sollen, dass man sich selbst nicht „verbiegen" und anderen nichts „vormachen" oder „vorspielen" sollte. Zu sich zu stehen, zu sein, wer man ist, mit sich selbst befreundet und im Einklang zu sein, ist ohne Zweifel ein wesentlicher Wert.

Damit aber nun die Kompetenzen aus der eigenen Mitte entspringen können, müssen sie oft erst mit ihr in Verbindung gebracht, quasi in sie hineingebracht werden. Alles, was man sagt und tut und kann, wurzelt im besten Fall in der eigenen Personenmitte. Es ist daher sehr wichtig zu verstehen, was „authentisch" sein und „authentisch wachsen" bedeuten.

Authentizität heißt nämlich sicherlich nicht einfach nur: Ich bin so, wie ich bin, aus, fertig, basta! Nehmt mich gefälligst, so wie ich nun mal bin! Authentizität umfasst vielmehr den *Prozess des Authentischwerdens*. Er bedeutet zum einen, zu dem zu stehen, was man ist, und nichts vorzuspielen. Der Verzicht auf Maskerade und Theaterspiel. Da es aber auch um Lernen, Entfalten, Entwickeln, Wachsen und Reifen geht und nicht nur um Authentizität des Status quo, entsteht eine vorübergehende *Spannung*.

Lernen

Bevor sich nämlich etwas Neues in eine Persönlichkeit harmonisch einfügt, durchläuft das *Erlernen* und Erobern der neuen Fähigkeit eine Zeit der „Äußerlichkeit". Es dauert eine Zeit, bis etwas „in Fleisch und Blut" übergeht. Es muss sozusagen von außen geduldig nach innen gebracht, verinnerlicht werden, bevor es zu einem spontanen Repertoire werden kann. In einem ersten Lernabschnitt befindet sich das, was einem vielleicht noch fehlt oder noch nicht gut gelingt, in einem Zustand des „unbe-wussten Nichtkönnens". Erst durch Feedback oder dadurch, dass man in ein „Fettnäpfchen" tritt, wird einem bewusst, dass et-was nicht optimal ist. So gelangt man in die zweite Phase, die des „bewussten Nichtkönnens". In einem dritten Lernschritt trifft man die Entscheidung, sich zu verändern, tritt also in die Phase des „bewussten Könnens" ein. Diese soll, wenn alles gut gelingt, schließlich in die letzte Phase des „unbewussten Kön-nens" einmünden.

Von der dritten zur vierten Phase ist ein schwieriger Weg zu absolvieren. Selbstführung bedeutet hier nämlich Selbstkultivie-rung. Der eigene Acker muss bestellt werden. Man wird ernten, was man sät. Aber es braucht Zeit, Geduld, Pflege, Übung, bevor man ernten kann. Bevor man an die Oase der Authentizität kommt, muss man meist durch eine Zwischenphase, eine kleine Wüste der Nicht-Authentizität, bis man sich Dinge schließlich so angeeignet hat, dass sie einem auch tatsächlich gehören.

Feedback
Da die Führungskraft Führungskraft für ihre Mitarbeiter ist und da niemand besser sagen kann, wie sie die Führung empfinden und erleben, als die, die geführt werden, ist es eine wichtige Aufgabe der Selbstführung, die *Bereitschaft für das Feedback der anderen* in sich zu wecken. Selbstführung hat zum Ziel, eine wertschätzende *Offenheit* für andere zu entfalten. Es reicht al-lerdings nicht, einfachhin offen für Feedback zu sein. Als Füh-rungskraft muss ich mir vielmehr Feedback aktiv holen. Denn den meisten Menschen fällt es nicht leicht, jemand anderem Feedback zu geben.

Darum ist es eine wichtige Führungsaufgabe, sich Feedback *abzuholen*, Türen zu öffnen und Brücken zu bauen, die es Menschen *leicht machen*, Feedback zu geben. Ja, das wäre ein guter Führungsgrundsatz: „Mach es deinen Mitarbeitern leicht, dir Feedback zu deinem Führungsverhalten zu geben!", und er könnte ein guter Nährboden für eine offene und faire Feedbackkultur insgesamt werden. Die Rückmeldung der Mitarbeiter wirft jedenfalls ein Licht auf die Früchte meines Führens und zeigt mir Stärken, Lernfelder und blinde Flecken. Ohne das Feedback der anderen tappt mein Führen gewissermaßen im Dunkeln. Offenheit für Resonanz und Ermutigung zum Feedback sind daher ein wichtiger Bestandteil der Selbstführung.

Theorie und Praxis
Nicht zuletzt wollen wir daran erinnern, dass alle Selbstwahrnehmung und Selbstbesinnung, alle Selbstreflexion und Theorie sich *in der Praxis bewähren müssen*. An den Früchten wird man erkennen, was man sät und wo man steht. Man sollte sich die Warnung aus dem Neuen Testament zu Herzen nehmen: „Wer seine Hand an den Pflug legt und zurückschaut, der ist nicht geschickt für das Reich Gottes" (Lk 9,62). Es gibt ein Übermaß an Selbstreflexion, die um sich selbst unfruchtbar kreist und sich nicht in Tat und Leben beweisen und bewähren will, auch wenn gleichzeitig *Kants* Gedanke wahr bleibt, dass unsere Praxis oft deshalb so furchtbar ist, weil wir keine gute Theorie haben. Es gilt doch schließlich, sich selbst einzusetzen und mit ganzer Entschiedenheit in der Praxis umzusetzen und zu erproben, was die Theorie erdacht hat.

Weisheitstext

Über Selbstsabotage

Die Selbstführung ist von verschiedenen Formen der *Selbstsabotage* bedroht. In der Selbstsabotage stelle ich mir selbst ein Bein und bringe mich zu Fall, schieße Eigentore und werde vom selbst ausgeworfenen Bumerang, jedenfalls wenn ich das Ziel verfehle, getroffen und verletzt. Es handelt sich um toxische Konzepte, die auf oft heimtückische Weise selbst schädigen. An einige sei erinnert:

Der Weg zum *Erfolg* gleicht zwar alles in allem in langer Sicht und aus einiger Entfernung einem geraden Pfeil, der nach oben zeigt. Aber wer näher an den Erfolgspfeil herantritt und sozusagen eine Lupe auf ihn hält, sieht rasch, dass er bei genauerem Hinsehen eine *Zickzacklinie* mit viel Auf und Ab darstellt. Akzeptieren Sie das. Normalisieren Sie, entdramatisieren Sie die kleinen Rückschläge. Gefährlich sind die, die kleine und vorübergehende Abwärtsbewegungen zur Katastrophe großreden.

Perfektionismus ist toxisch. Er ist nicht biophil. Leben ist nicht perfekt. Der Perfekte will zu viel auf einmal, hat den Willen zur Hundertprozentigkeit. Aber perfekt ist nur Gott. Nacheinander und Schritt für Schritt wachsen die Dinge. Der Perfekte hat auch zu hohe Ansprüche an andere. Alles, was ist, hat kleine Fehler. Wer überfordert, zerbricht. Perfektionismus ist eine zeitverzögerte Katastrophe.

„Säen und ernten" lautet ein wichtiger Grundsatz. Dabei ist nicht nur wichtig, dass man das ernten wird, was man sät, sondern dass sich der um den Lohn bringt, der zu schnell die Ernte einbringen will. Was zu schnell wächst, wächst sich dünn und bricht. Kein Halm wächst schneller, wenn man an ihm zieht und zupft. Ohne das richtige Maß an *Geduld*, Ausdauer und langem Atem wird sich die investierte Energie nicht amortisieren.

Niemand kann in die Zukunft aufbrechen, der in der *Vergangenheit* gefangen bleibt. Wer das Unheilskonto oder die Verklärung der Vergangenheit pflegt, verpasst, was das Leben *jetzt* fordert und ermöglicht. Schlussworte finden, verstehen, verzeihen und neu anfangen, das gibt dem Leben einen guten, (er-)lösenden Rhythmus.

Meditation

Wahrwerdung und Selbstbefreundung

Selbstführung beginnt mit *Selbstannahme*. Ich zeichne kein falsches Bild von mir. Ich bin ich – mit meiner ganzen Geschichte. In der Wahrheit leben heißt: aufrichtig sein, auch zu sich selbst. Die Dinge sind, wie sie sind. Wir müssen zuerst Sehen-Lernen und Wahr-Nehmen. Aber man muss sich die Wahrheit ohne Vorwurf und Urteil sagen. Das, was leuchtet und lebendig ist, ist Grund für Dankbarkeit. Das, was dunkelt, krümmt, kränkt und fehlt, ist Grund für Verzeihen und Neubeginn. Aufrichtig sein, aufrecht stehen, gerade sein, ohne gebeugten Rücken.

Ich bin ich – mit meinem ganzen *verborgenen Reichtum*. Es gibt tausend ungehobene Schätze in mir. Ich bin auch meine Zukunft. So mache ich mich auf den Weg. Die Wahrheit ist ein Weg. Ich bin unterwegs. Wahrheit ist Wahr-Werdung! Dieser Weg ist das Wahr-Werden. Er ist ein achtsames Lernen.

Und er ist kein einsamer Weg, sondern ein *Weg in Beziehungen*. Ein Weg voller Begegnung und Begleitung. Ich entfalte die Offenheit hierfür. Spüre und fordere die Resonanz. Ich muss zu mir kommen, um zu Dir kommen zu können. Ich muss zu Dir gehen, um mich selbst zu verstehen. Wenn ich nicht gut für mich selbst bin, wie kann ich dann wirklich gut für andere und zu anderen sein?

Ich stehe auch *zu mir selbst*. Der Mut zur Unbequemlichkeit und die Kraft, zu neuen Ufern aufzubrechen, ist an manchen Tagen auch allein und einsam. Aber ich will doch versuchen, mir treu zu sein, ohne jemals den Faden des Dialogs zu verlieren und ohne je den Willen aufzugeben, immer wieder neu mit und von anderen lernen zu wollen.

In dem Maße wird Selbstführung spirituell, in dem sie darauf achtet, *stimmig* zu werden. Zusammenstimmen mit sich selbst. *Selbstbefreundet* und im *Einklang* sein mit sich. Stimmig werden aber auch in der Begegnung mit anderen. Stimmig nicht zuletzt mit dem, was mich trägt und aus dem ich lebe.

Zitate und Aphorismen

*Was vor uns liegt und was hinter uns liegt, verblasst im Vergleich
zu dem, was in uns liegt.*
RALPH WALDO EMERSON

*Wer einmal sich selbst gefunden hat, kann nichts mehr auf dieser
Welt verlieren.*
STEFAN ZWEIG

Wirke auf andere durch das, was du bist.
WILHELM VON HUMBOLDT

*Mit sich beginnen, aber nicht bei sich enden, bei sich anfangen,
aber sich nicht selbst zum Ziel haben.*
MARTIN BUBER

*Wir lehren nicht bloß durch Worte, wir lehren auch weit eindring-
licher durch unser Beispiel.*
JOHANN GOTTLIEB FICHTE

Gute Lehren haben wir genug, aber wenig gute Lehrer.
VAUVENARGUES

*Wenn ein Blinder einen Blinden führt, so werden beide in die Gru-
be fallen.*
MATTHÄUS 15,14

*Nicht Sprüche sind es, woran es fehlt; die Bücher sind voll davon.
Woran es fehlt, sind Menschen, die sie anwenden.*
EPIKTET

Impulse zum Weiterdenken

Der Sinn der Fragen Die folgenden Fragen müssen nicht direkt beantwortet werden, oft können sie es nicht einmal. Wie *Rilke* es in seinem „Brief an einen jungen Dichter" ausdrückt, kommt es oft darauf an, die Fragen zu leben, sich in sie zu vertiefen und mit ihnen umzugehen. Suchen Sie sich einfach die Fragen, die Sie ansprechen. Halten Sie die Fragen aus wie einen Kompass, der in eine Richtung weist und ein Reiseziel verrät, ohne dass Sie doch schon die Reise gemacht hätten.

Für manches stellt sich vielleicht sofort eine Antwort ein. Sie muss eventuell geprüft werden, ob und wie weit sie wirklich trägt. Bei einigen Fragen mag es auch sinnvoll sein, nicht nur mit sich allein zu Rate zu gehen, sondern das Gespräch mit einer Vertrauensperson zu suchen, um ihre Gedanken und Anregungen mit aufzunehmen.

Nehmen Sie doch auch in diesem Sinne die Fragen auf als Impulsgeber, die anregen und nachdenklich machen, die eine Einladung zum Besinnen aussprechen und einzig dem Ziel dienen, dass Sie selbst sich besser verstehen, lebendiger werden können und zu größerem Einklang mit sich finden.

Zu welchen Gedanken, Ideen und Einsichten bin ich gekommen? Was ist mir wichtig?

Was will ich lassen? Was will ich beschließen? Womit will ich mich versöhnen? Wofür brauche ich ein Schlusswort?

Wozu will ich mich öffnen? Worauf hoffe ich? Wo will ich hin? Sehe oder spüre ich das nächste Ziel meiner Lebensreise? Klärt sich der Horizont meines Lebens ein wenig für mich auf? Welche Grenzen lassen sich erweitern? Wo sind Wandlung und Reifung möglich? Wo sind Energiequellen ungehoben? Welche Potentiale sind zu entwickeln?

Welche Perspektive will ich meinem Leben geben? Mir selbst? Meiner Arbeit? Den Beziehungen, die mir etwas bedeuten?

Übernehme ich Verantwortung für mein eigenes Wachstum?

Habe ich ein Führungsbild für meine Selbstführung? Bleibe ich stimmig und authentisch in all meinem Lernen und Verändern?

Bin ich bereit zur Arbeit, auch zu harter Arbeit an mir selbst? Und hole ich mir dabei auch klares Feedback von anderen?

Woran arbeite ich lieber? An mir selbst oder an anderen?

Woran werde ich nun arbeiten? Was werde ich tun und was werde ich lassen? Was genau nehme ich mir nun konkret vor, ohne es auf die lange Bank zu schieben? Welche Punkte will ich ab morgen unmittelbar in meiner Arbeit verwirklichen? Ab morgen wird man mich kennen lernen als jemand, der ...??!!

Führen des Mitarbeiters

Jedes Ding hat drei Seiten:
eine – die du siehst
eine – die ich sehe
und eine – die wir beide nicht sehen
AUS CHINA

Führen des Mitarbeiters
Begleiten und entwickeln

Wer glaubt,
er sei am Ende,
ist am Ende.
AUS: „EINE PASSION FÜR DIE WAHRHEIT"
VON ABRAHAM HEUCHEL

Wie wahr.
Wer denkt, er sei schon angekommen,
hat seinen Weg verloren.
Wer glaubt, er habe das Ziel bereits erreicht,
hat es verfehlt.

Zum Einstieg

„Wenn man mich in meiner frühen Jugend gefragt hätte, ob ich es vorziehen würde, nur mit Menschen oder nur mit Büchern zu verkehren, hätte ich mich gewiss zugunsten der letzteren ausgesprochen. Später hätte ich das mehr und mehr geändert. Nicht als hätte ich so viel bessere Erfahrungen mit Menschen als mit Büchern gemacht – im Gegenteil, rein erfreuliche Bücher kommen mir immer noch weit öfter als rein erfreuliche Menschen in den Weg, aber die vielen schlechten Erfahrungen mit Menschen haben mein Lebensmark genährt, wie es das edelste Buch nicht vermöchte, und die guten haben mir die Erde zum Garten gemacht. ... Es gibt eine untrügliche Probe. Denk dich nur in einen Ursprung hinein, wo du allein wärst, ganz allein auf Erden, und du könntest eines von beiden bekommen, Bücher oder Menschen. Wohl höre ich manchen seine Einsamkeit preisen, aber das bringt er nur fertig, weil es eben doch die Menschen auf der Welt gibt, wenn auch in räumlicher Ferne. Ich habe nichts von Büchern gewusst, als ich dem Schoß meiner Mutter entsprang, und ich will ohne Bücher sterben, eine Menschenhand in der meinen. Jetzt schließe ich zuweilen die Tür in meiner Stube und ergebe mich in einem Buch, aber nur, weil ich die Tür wieder öffnen kann, und ein Mensch blickt zu mir auf."[*]

Diese kurzen Gedanken von *Martin Buber* konzentrieren die folgenden Ausführungen. Unser menschliches Dasein ist nicht fertiges Geschenk oder unfertiges Chaos, es ist verborgenes Ge-

---

[*] E. Beck, G. Miller (Hrsg.), Martin Buber im Gespräch mit Gott und den Menschen. Leipzig 2003, 29–31.

heimnis, welches sich entfalten möchte, nicht weil wir es wollen, sondern weil *Wachstum und Entwicklung* zum Leben gehören, untrennbare Wesensmerkmale des Lebens sind. Wir Menschen brauchen auf diesem Weg der Selbstwerdung einander, weil wir von unserer Zeugung an auf *Gemeinsamkeit* angewiesen sind, die in ihrer Ergänzung erst Leben ermöglicht.

(Management-)Reflexionen

Träger des eigenen Lebens Es ist eine lebenslange Aufgabe des Menschen, immer mehr in die eigene Identität hineinzuwachsen. Der Mensch ist aufgefordert zum wahrhaften Träger des eigenen Lebens, der eigenen Berufung zu werden. Ich soll meinen ureigenen *„Lebensnamen"* erkennen, bei dem Gott mich gerufen hat. „Ich bin berufen", so sagt es *Kardinal Newman,* „um etwas ganz Bestimmtes zu tun, wofür kein anderer berufen ist." Ich habe einen Platz in Gottes Plan, den kein anderer hat. Um ihn für mich zu erschließen, muss ich mich meinem Selbst so gut wie eben möglich nähern.

Das menschliche Leben durchläuft verschiedene Phasen und Stufen physischer und psychischer Entwicklung, die in den letzten hundert Jahren umfassend und auf vielfältige Weise erforscht wurden. Doch obwohl alle Forschung und alles Wissen neue Möglichkeiten vermitteln und unsere Handlungskompetenzen erweitern, entfalten sie ihre Kraft doch erst dann, wenn wir sie *für unser Leben fruchtbar machen.* Entwicklung bedeutet also Wissenserweiterung und Lebenserweiterung, ist Lernen und Leben oder, noch klarer formuliert, die Aufgabe, mein Leben zu lieben und leben zu lernen.

Leben ist ein prozesshaftes Geschehen, ein Erleben und Durchleben unterschiedlicher Lebensphasen und Lebensanforderungen. Da sind auf der einen Seite die Entwicklungen der Persönlichkeit entlang der jeweiligen altersbezogenen Lebensstufe, auf der anderen Seite die unterschiedlichen Abschiede, Abbrüche, Übergänge, Neuanfänge und Aufbrüche. All dies nimmt Einfluss auf unsere menschliche Entwicklung, auf die Ausformung unserer Persönlichkeit.

Als Führungskraft muss ich über meine lebensgeschichtlichen Prägungen nachdenken und sie kennenlernen. Ich muss Zugang zu meinen Lebensquellen finden und um meine Lebensmerkmale wissen. Ich darf mich jedoch nicht auf sie fixieren und mir dadurch die Chance eines neuen Weges oder einer neuen Erfahrung nehmen. Als Prägegrund unseres Lebens ist uns das Urvertrauen geschenkt. Aus der Ohnmacht und Hilflosigkeit des Anfangs menschlichen Lebens ist dieses nur aus dem Urvertrauen heraus möglich. Es ist die tiefe Erfahrung, mich ganz in die Hände eines anderen zu geben, mich ihm auszuliefern, mich ihm anzuvertrauen. Wie befreiend kann eine solche Erfahrung sein, wie wichtig ist sie für die Entwicklung menschlichen Lebens überhaupt! Vielleicht ist uns ein solches „Uns-selbst-Loslassen" auf andere hin erst wieder am Ende unseres Lebens möglich, wenn wir uns selbst wieder in dieses Urvertrauen hinein wandeln lassen. Doch bis es so weit ist, sind Wegstrecken und Lebenszeiten unterschiedlichster Prägung zu gehen, zu durchleben, zu durchlieben oder auch zu durchleiden.

Martin Buber sieht in der *Begegnung mit dem Du* den wesentlichen Weg gelingender Selbstwerdung, wenn er sagt: „Der Mensch wird am Du zum Ich." Seine Botschaft ist, dass sich das eigene Leben erst aus der Begegnung mit einem Du wirklich erschließt. Begegnungen werden so zu Identifikation stiftenden Momenten und Erfahrungen. Sie werden wahrhaftig zu Kraftquellen, weil sie herausführen aus der Einsamkeit und aus dem Gefühl, den Anforderungen des Lebens alleine gegenüberzustehen. Entsprechend besteht eine wesentliche Führungsaufgabe darin, die Mitarbeiter so weit zu *begleiten,* bis sie sich in der Balance von Anforderung und eigenem Vermögen wissen.

Leben ist Vertrauen Wir Menschen werden nicht geboren als jemand, der sich sorgt, sondern wir leben aus dem großen Geschenk, *vertrauen* zu dürfen. Ein geerdetes Vertrauen ist eine weitere wichtige Grundvoraussetzung dafür, die Lebenspotentiale bei mir selbst oder auch bei anderen wecken und fördern zu können. Vertrauen erwächst aus einer urmenschlichen Erfahrung und ist daher ein sehr wichtiges, wenn auch zugleich sehr sensibles Führungsinstrument. Immer jedoch ist verantwortbares Vertrauen eingebunden in und rückgekoppelt an eine Vielfalt weiterer Führungsinstrumente. An dem bekannten Wort „Vertrauen ist gut – Kontrolle ist besser" wird dies, wenn auch überzeichnet, deutlich. Vertrauen alleine genügt nicht. Eine kompetente Führung braucht sowohl die konkrete Zielvereinbarung als auch ein offenes Feedback und eine Kontrolle, die überprüft, nachgeht und wo notwendig korrigiert. Nähern wir uns dem Begriff und der innewohnenden Bedeutung des Vertrauens noch etwas mehr. Vertrauen ist auch ein zutiefst geistliches Geschehen. Es ist Loslassen, Hingabe, Ganzwerden und Heilwerden. Damit ein solches Vertrauen gebildet und bewahrt werden kann, Ganzwerden und Heilwerden am Ende eines Lebens möglich ist, muss ich erkennen, dass dies alles ein sich *lebenslang* vollziehender Prozess ist. Ein Prozess, den ich jedoch nicht allein aus eigener Kraft gestalten kann, sondern für den ich mich immer wieder bereiten und öffnen muss. Vertrauen ist immer gegenseitiges Geschenk. Dies verdeutlicht auch unsere Sprache, wenn wir sagen, dass wir (einander) Vertrauen *schenken.* Das Wesentliche an Erziehung und Bildung kann es also nicht sein, die Menschen mit immer mehr Wissen und Tatsachen vollzustopfen. Das Wesentliche besteht darin, sie zu ihrer *Einzigartigkeit* hinzuführen und sie zu lehren, diese selbst immer mehr zu entdecken. Ein solcher Weg erfordert Zutrauen zu sich selbst, zu den eigenen Möglichkeiten wie auch Vertrauen zu anderen Menschen. Wenn es uns gegeben ist, uns selbst und auch anderen dabei zu helfen, ihre Einzigartigkeit immer mehr zu entwickeln, ist dies eine wunderbare Erfahrung. Wir dürfen jedoch nicht dabei stehen bleiben, sondern sollten uns die Frage nach dem Sinn dieses Geschenkes der eigenen Einzigartigkeit stellen. Für mich selber erschließt sich die Sinnhaftigkeit meiner Einzigartigkeit gerade auch darin, sie anderen zugänglich zu machen oder, anders gesagt, sie als Erfahrung und Impuls an Mitmenschen weiterzugeben und zu verschenken.

Leben ist Übergang

Die menschliche Existenz lebt immer *im Übergang* und ist nie statisch. Wir bewegen uns im Dreiklang von Destrukturierung, Schwellenphase und Restrukturierung, wobei sich jede Phase aus der vorherigen entwickeln muss. Stets leben wir als *abschiedliche* Existenz. Weil dies so ist, erleben wir immer wieder Phasen der Destrukturierung, des Verlustes von Orientierung. Durch diesen Verlust einer bisher tragenden Orientierung treten wir in eine Schwellenphase ein, stehen zwischen dem Nicht-Mehr und Noch-Nicht. Dadurch dass eine neue Orientierung noch fehlt, wird der Mensch auf sich selbst zurückgeworfen, denn die Möglichkeit, auf bestehende wirkungsvolle Orientierungsmuster zurückzugreifen, ist stark eingeschränkt.

Solche Lebensanforderungen, die die Bereitschaft fordern, uns Neuem zu stellen, können aktiv nur aus einem *Vertrauen* gestaltet werden, welches dem eigenen Selbst und dem anderen traut. Menschen in Schwellenphasen brauchen sowohl Freiraum, in dem sie die neue Gestalt ihrer Identität erproben und finden können, als auch bewusste Begleitung durch erfahrene Menschen. Ziel aller Entwicklung und Führung ist es, dort hineinzuwachsen, wo ich mir wirklich authentisch begegne. Es hilft mir nicht, wenn ich auf lange Sicht so handle, als ob ich das nicht wäre, was ich bin. Es hilft mir nicht, mich ruhig und freundlich zu geben, wenn ich tatsächlich gereizt bin und meine begrenzte Bereitschaft zur Kritik spüre. Es hilft mir nicht, Antworten zu nennen oder vorzugeben, die ich im Innersten meines Selbst nicht kenne oder deren Tragfähigkeit ich bezweifle.

Leben ist wahrhaftiges Sein

Wenn ich also wirklich ins Leben oder in eine Aufgabe hineinwachsen will, muss ich die Tugend der *Wahrhaftigkeit* leben, und diese beginnt bereits damit, mir selbst wahrhaftig zu begegnen. Wenn ich andere Menschen führen will, muss ich den unverstellten Blick auf mein Leben wagen, ohne Scheu vor dem eigenen Unvermögen. Im Kapitel über gute Kommunikation wird erläutert, wie bedeutsam wahrhaftige Kommunikation ist, um den Fragen meines Lebens näher zu kommen und andere Menschen an ihre eigenen Fragen heranzuführen. Gelebte Achtung und Ehrlichkeit uns selbst gegenüber sind einer der Schlüssel zur Authentizität. Wenn wir über Authentizität nachdenken und Vertrauen als tragenden Grund erkennen, stoßen wir unweigerlich auf den Gegenpol, der *Unsicherheit* oder auch *Angst* heißt.

Schauen wir auch hier noch einmal auf den Anfang menschlichen Lebens. Ein Neugeborenes reagiert immer authentisch.

Aus dem direkten Erleben und Empfinden heraus begegnet es uns unmittelbar und ganz in Übereinstimmung mit seinem Innersten. Authentisches Geschehen ist „offenherzig", lässt den Blick ins Herz zu und lädt das Gegenüber zweifelsohne zu persönlicher Begegnung ein. Wenn mir ein solcher Mensch begegnet, wenn ich selbst den Menschen so begegne, dann verlieren Zweifel und Unsicherheiten ihre bestimmende Wirkung, weil wir einander wahrhaftig begegnen. Die Wahrheit macht frei, so heißt es im Neuen Testament, und dies bleibt doch eine der größten Herausforderungen menschlichen Lebens, weil es hier nicht nur eine Wahrheit gibt. Wir können einander leicht erzählen, was wir haben und was wir tun. Schwer wird es erst dann, wenn wir einander erzählen, wer wir sind oder wer wir werden wollen. Jedoch gerade dies kann ich mir nicht nur alleine sagen. Dieses Geheimnis kann ich nicht alleine für mich im stillen Kämmerlein klären, dazu brauch ich das DU, den Menschen an meiner Seite und den Menschen mir gegenüber.

Leben ist Selbstannahme

Je mehr ich lerne, mich *selbst anzunehmen*, desto mehr ist es mir möglich, mich anderen wirklich anzuvertrauen. Je mehr ich bereit bin, das Wirkliche anzuerkennen, das es in mir und in anderen gibt, umso weniger erliege ich dem Wunsch, Dinge „um jeden Preis" zu arrangieren. In mir wächst die Fähigkeit kritischer Unterscheidung und kreativer Auseinandersetzung, weil mich nicht Verlust- oder Versagensängste einengen, die mich meiner Lebenswirklichkeit entfremden. Entwicklung heißt immer auch Bereitschaft zur Veränderung. Sie ist die Fähigkeit, bekanntes und vertrautes Land zu verlassen. Dies gelingt mir in dem Augenblick leichter, wo ich mich wirklich so annehme, wie ich bin. Eine Weisheit aus China formuliert das wie folgt: „Ich kann nur das verändern, was ich angenommen habe." Wir können uns nicht ändern und nicht das Wachsen des eigenen Lebens fördern, solange wir uns nicht grundehrlich so annehmen, wie wir sind. Das Wichtigste, das wir anderen Menschen geben können, ist das, was und wer wir wirklich sind. Es ist unser Geschenk an die Menschen und ihr Geschenk an uns. Wenn ich mich so annehme, wie ich im Moment bin, dann werde ich auch die Kraft erhalten, mich dort hinein zu verändern, wo das Leben auf mich in noch größerer Fülle wartet.

Leben ist Verstehen

Jede Entwicklung und jede auf sie gerichtete fördernde Begleitung lebt von der Gabe des *Verstehens*. Verstehen und verstanden werden sind weitere Schlüssel für menschliches Wachstum. Wirklich zu verstehen birgt jedoch ein Risiko in sich. Wenn ich mich nämlich ernsthaft bemühe, mein Gegenüber aufgeschlossen zu verstehen, so könnte es sein, dass dieses Verstehen von mir verlangt, meine Sichtweise, meinen Standpunkt zu verändern und mein Verhalten neu auszurichten. Veränderung jedoch, wie bereits erwähnt, kann Ängste wecken, weil ich gefordert bin, sichere Ufer zu verlassen. Verstehen setzt dies jedoch voraus. Ich muss bereit sein, meinen Standort zu verlassen, mich aus meinen Gewohnheiten zu lösen, um mich dem Noch-Fremden annähern zu können.

**Leben heißt:
zu sich kommen**

Verantwortliche Führung verliert den Menschen nie aus dem Blick, sondern versucht gemeinsam mit dem Gegenüber „das Bild, welches er werden soll", behutsam nachzuzeichnen. Ziel ist es, den Geführten immer mehr *zu sich selbst zu führen*, ihm zu helfen, bei sich statt „außer sich" zu sein. Denn nur so, als er selbst, kann sich der Mitarbeiter den Anforderungen seines Lebens in guter Weise stellen. Es gilt, Bedingungen zu schaffen, unter denen echte Lebensäußerungen möglich werden. Professionelles Führen realisiert sich dann, wenn wir die Lebensäußerungen eines Menschen mit taktvoller Einfühlung und wertschätzender Zuwendung kritisch hinterfragen, um dem Einzelnen seine Handlungsmöglichkeiten bewusst zu machen und ihn dabei zu unterstützen, sie zu erweitern.

Wichtig ist dabei die Rückbindung an gemeinsame *Ziele* und *Vorgaben*. Erst dann kann Leben sich in *Beziehung zur Realität* weiterentwickeln, ohne sich vom Leben zu entfremden oder zu einem Kreisen um das eigene Selbst zu erstarren. Jeder Mensch sucht nach einer „ideologischen Identitätsquelle", nach identitätsfördernder Wert- und Sinnorientierung und bezieht dabei das eigene Lebenswissen mit ein. Identitätsbildung vollzieht sich jedoch hauptsächlich durch *Identifikation mit Vor- bzw. Leitbildern*, wobei es dabei nicht um idealistisches Kopieren, sondern vielmehr um überzeugende Lernerfahrungen an und mit praxisnahen „Lebens- und Verhaltensmodellen" im Alltag oder Beruf geht. Führung vollzieht sich gerade dann erfolgreich, wo solch ein modellhaftes, authentisches Beispiel gegeben und gelebt wird, ohne aufdringlich zu wirken. Wenn ich für mich die Frage „Wer bin ich?" intensiv bearbeite, d. h. eine stabile Identität entwickeln und finden konnte, dann kann ich mich in großer Freiheit der Frage stellen: „Wer bist du für mich und wer bin ich für dich?" Gereiftes Leben zeigt sich in der Fähigkeit, dass ich mich einem Du mit „Leib und Seele" nähern kann. Hier ist es möglich, mich in meiner Ganzheitlichkeit jemandem anzuvertrauen, ohne die Angst zu haben, mich zu verlieren. Wenn ich wirklich das Geschenk wechselseitiger

Hingabe in meinem Leben erfahre, ob in einer Freundschaft oder Partnerschaft, im Eintreten für Menschen oder für eine Idee, wenn ich dies erfahre in dem Erleben von Inspiration oder Intuition, dann kann sich Leben in neuer Fülle erschließen.

Leben heißt: mit dem Hoffen nie aufhören

So besteht eine unserer wichtigsten Aufgaben darin, einander dabei zu helfen, die Lebenswirklichkeiten zu erkennen, anzunehmen und auszugestalten, weil wir aus der Zuversicht leben, dass uns ein Leben in Fülle verheißen ist. Dies ist ein liebendes Geschehen, ist geerdete Spiritualität, weil es der Weg Gottes mit uns Menschen ist. Lieben in diesem Sinne heißt, die Hoffnung für jemanden niemals aufgeben. Hoffnung, so verstanden, ist also die Gabe und das Charisma, trotz aller Widerstände vertrauensvoll an die Möglichkeit des Guten zu glauben. Diese beiden Grundhaltungen sind möglich zu leben, weil sie in der Zusage Gottes gründen, dass Er alle Wege mitgeht, wie wir dies in vielen Psalmtexten lesen können. Unser Leben auf diese Weise von Liebe und Hoffnung prägen und durchdringen zu lassen übersteigt jedoch unsere menschliche Kraft und Vorstellung. Wir müssen uns hier öffnen für die Prägekraft Gottes und sein jedes Dunkel durchdringendes Sein, das es uns ermöglicht, in solch einer Hoffnung zu leben und Menschen in eine solche Erfahrung hineinzuführen.

Weisheitstext

Der jüdische Schriftsteller *Eli Wiesel* hat in seinem Buch „Brennende Seelen" geschrieben: „Wenn wir sterben und in den Himmel kommen und dort vor unserem Schöpfer stehen, wird unser Schöpfer uns nicht fragen: „Warum bist du kein Messias geworden? Warum hast du nicht das Heilmittel gegen diese oder jene Krankheit erfunden?" Die einzige Frage, die wir in diesem entscheidenden Augenblick beantworten müssen, wird lauten: Warum bist du nicht du selbst geworden?"[*]

Ich würde hier gerne ergänzen: *Warum bist du nicht du selbst für andere geworden?* Gott selbst ist diesen Weg gegangen, indem er in Jesus Christus allen alles geworden ist. Er wurde ganz Du für jede und jeden von uns.

Leben ist verschenkte Liebe

Darin zeigt sich die Größe Gottes, seine Liebe zu uns Menschen, weil er diesen Schritt bis zum Äußersten geht, bis zur Entäußerung. Er verlässt nicht nur seinen „Standort", sondern auch das Wesen seiner Gottheit und wird Mensch. Er lebt seine Liebe zu uns Menschen zutiefst und auf wundervolle Weise authentisch. Sein Umgang mit den Menschen, all seine Begegnungen sind gelungene Beispiele für die wandelnde Kraft von Annahme und Verstehen.

Leben ist Wandel und Wandlung

So kann unser innerster Wesenszug ebenfalls nur sein, *wahrhaftig Liebende zu werden*, weil Gott uns nach seinem Innersten geschaffen hat. Als liebender Mensch gebe ich mich nicht da-

---

[*] Leo Buscaglia, Leben lieben lernen. München 1988, 210.

mit zufrieden, einzigartig zu sein oder um meine Einzigartigkeit zu wissen und diese weiterzuentwickeln. Die Gabe der Liebe drängt uns dazu, unsere Berufung mit all ihren Bedürfnissen, Fähigkeiten und verborgenen Potentialen immer tiefer zu erkennen und zu entfalten.

Als Liebender tue ich dies nicht, um der Größte zu sein. Nein, ich tue dies, weil ich erkenne, dass meine Einzigartigkeit etwas ist, was ich verschenken kann. Und eines ist dabei gewiss: dass ich meine Einzigartigkeit nur selbst verschenken kann.

Meditation

Im Markus-Evangelium (Mk 10,17–22) lesen wir: „Und als Jesus sich auf den Weg machte, lief jemand auf ihn zu, fiel auf die Knie und fragte ihn: ‚Guter Meister! Was muss ich tun, dass ich ewiges Leben erlange?'"

Leben ist Sinn-Suche

Ein Ratsuchender wendet sich an *Jesus*. Seine Geste und Wortwahl machen deutlich, dass er eine klare Erwartung an *Jesus* hat. Er hat von seiner Lehrkraft und Weisheit gehört. Dieses Wissen lässt ihn dann auch diesem *Jesus*, dieser „Kapazität" in Lebensfragen, diese aufs Ganze gehende Frage stellen. Er möchte wissen, wie sich sein Leben vermehren kann, ja echte Lebensfülle ohne Grenzen möglich ist. Es ist eine Frage, die früher oder später in jedem Menschen aufbricht, weil das bisherige Leben frag-würdig geworden ist im Blick auf das, was wir bisher für Leben gehalten haben. Letztlich verbirgt sich dahinter die Frage nach dem *Sinn des Lebens* überhaupt, die Frage nach dem, was bleibt, wenn ich einmal sterbe. Welchen Sinn hat mein Leben über den Tod, über das Diesseits hinaus, und wie komme ich in Berührung mit diesem Geheimnis? Durch diese zentrale Frage nach dem Lebenssinn, nach dem Mehr unseres Lebens, kommen wir in Kontakt mit der Frage, die der Mann des Evangeliums *Jesus* so eindringlich stellt. Ihn treibt eine Ahnung, dass sein Leben mehr ist als das, wie er bisher sein Leben lebt und erlebt. Er hofft auf Antwort und eine klare Weisung. Interessant ist, dass er nicht fragt: Was muss ich denken?, sondern: Was muss ich tun? Menschliche Existenz verwirklicht sich gerade auch im Tun, im konkreten Handeln.

Im weiteren Text vergewissert sich *Jesus* mit seinen Fragen, ob der Fragende die Gebote kennt und beachtet. *Jesus* sucht eine Anknüpfung, und er *setzt ganz behutsam bei den Stärken an.* Es geht ihm darum, das Fehlende bewusst zu machen, und nicht darum, gegen Unvollkommenheiten oder Unzulänglichkeiten zu kämpfen. Im Vers 10,20 heißt es dann weiter: „Meister, dies alles habe ich gehalten, von meiner Jugend an." Dies alles habe ich getan, sagt er, und spricht damit zugleich indirekt aus, dass er dennoch spürt, dass dies noch nicht das Leben ist, nach dem er sich zuinnerst sehnt. Es wird die Angst sichtbar, am eigenen Leben vorbeizuleben.

Doch wie reagiert *Jesus*? Er beginnt keine langen Ausführungen zum Thema Lebenssinn und Lebenssuche. Nein, er blickt ihn nur an, gewinnt ihn lieb und spricht: „Eines fehlt dir noch. Geh, verkauf alles, was du hast, und gib es den Armen, und du wirst einen Schatz haben im Himmel; dann komm und folge mir nach!" *Jesus* setzt sich ganz bewusst in Beziehung mit seinem Gegenüber. Er schaut ihn so lange an, bis er in Liebe anknüpfen und in eine positive Beziehung eintreten kann, die nicht verurteilt oder Forderungen stellt, sondern dem Menschen Ansehen verleiht. Gleichwohl spricht *Jesus* doch auch ganz konkret an, dass ihm noch etwas fehlt, und lädt ihn ein, sich mit ihm auf die Suche nach dem Ewigen, dem wirklichen Lebensschatz zu begeben.

Leben erfordert Entscheidung

Jesus will bewusst machen, dass das Leben in Fülle nicht einfach zu haben ist, sondern eine *Entscheidung* fordert. Wenn du darauf eingehen willst, eine *Kehrtwendung* deines Denkens, Fühlens und Handelns wirklich zu vollziehen, dann liegt ein fruchtbarer Weg vor dir. *Jesus* selbst bietet seine *Weggemeinschaft* an. Doch die Entscheidung selbst nimmt er mir nicht ab.

In diesem Text des Evangelisten *Markus* findet dieser Mann, der *Jesus* mit seiner Frage nach dem Leben aufsucht, nicht die notwendige Kraft und den erforderlichen Mut, der Einladung zur Weggemeinschaft zu folgen. Denn bei Markus 10,22 lesen wir: „Jener aber war betroffen über dieses Wort und ging betrübt davon; denn er besaß viele Güter." Jener war betroffen, denn er wollte ja nur einen Rat, und nun entwickelt sich aus dieser Begegnung eine solch radikale, an die Wurzeln gehende Herausforderung, die deutlich besagt, dass ich mich von mir Vertrautem und mich Besitzendem lösen muss. In diesem Moment reicht das Wissen um die Kompetenz des Angefragten alleine nicht mehr aus, denn ich muss mich ihm wirklich anvertrauen können. Ich muss mir eingestehen, dass ich alleine nicht mehr weiterweiß, muss einem anderen zu-trauen, mir helfen zu können. Dies gelingt mir bei aller bleibenden Unsicherheit dann am ehesten, wenn ich nicht nur Ratschläge erteilt bekomme, sondern mir jemand selbst zur Hilfe wird.

Dies wiederum geschieht aber am ehesten dadurch, dass mich jemand dort abholt, wo ich stehe, und ich gestärkt werde im Zutrauen zu mir selbst und meinen Fähigkeiten.

Leben ist ständige Evolution Ich möchte nicht gesagt bekommen, was mein „Ewiges Leben" ist, sondern dieses selbst entdecken und zu neuen Einsichten geführt werden. Niemand kann mir sagen, was mein Leben ist. Doch jemand kann mir durch seine Annahme und durch sein Verstehen helfen, mich von den Fesseln zu lösen, die mich daran hindern, *meinem Leben nahezukommen*. Leben in Fülle ist kein Zustand, sondern eine zielgerichtete Beweglichkeit. Leben in Fülle ist nicht ein Zustand der Tugend, des Nirwana oder des Glücks. Es ist nicht ein Zustand, in dem der Mensch sich nur anpasst, ausgefüllt ist mit der Vielfalt des Lebens oder im Gleichgewicht lebt. Dies alles ist noch nicht das Leben in Fülle. Leben in Fülle ist ein lebenslanger Prozess, ist Verheißung, ist eine Richtung und kein genau zu beschreibender Bestimmungsort. Leben ist ständige Evolution.

Leben ist liebende Aufmerksamkeit

Jesus ist in diesem Sinne „Entwicklungshelfer", weil er den Menschen hilft, die sich auf ihn einlassen, sich aus ihren Zwängen und Fesseln zu lösen. Er ermutigt zu neuen, bisher für unmöglich gehaltenen Wegen. Und das Wunderbare ist, unabhängig von der Entscheidung lässt er den Menschen nicht aus dem Blick. Wir alle wissen um die Bedeutsamkeit, angesehen, angeschaut und angeblickt zu werden. Wir kennen die unterschiedliche Qualität unserer Blicke, die ermutigen, trösten oder auch verletzen und sogar „töten" können. *Jesus* blickt die Menschen mit dem verwandelnden Blick der Liebe an, der an die Möglichkeit des Guten glaubt. Und eines ist gewiss: Jeder von uns sehnt sich nach solch verwandelnden Blicken.

Die Fähigkeit, den Menschen mit solchen Augen anzusehen, zeichnet auch Führungskräfte aus. Benötigen wir nicht immer wieder diesen Blick, der auch den kleinsten Schimmer des Guten im Leben aufdeckt und in das Licht der Liebe hält, damit Leben sich entwickeln kann und nicht erstarrt? Je mehr es uns gelingt, dem gegenwärtigen Augenblick ohne starre Abwehrmechanismen zu begegnen, desto eher gelingt es uns, diesen als neue Chance für die Entwicklung des Lebens zu erkennen. Das Neue des gegenwärtigen Augenblicks so aufzunehmen, dass es mich näher zu mir und den anderen führt, ist Entwicklungshilfe, ist prozesshaftes Begleiten, das den Menschen nicht aus dem Blick verliert.

Führen in diesem Sinne ist „*kooperative Selbstqualifikation*", ist Ermutigung zu eigenverantwortlichem, verständnisorientiertem Handeln, das sich nicht aus Beziehungslosigkeit entwickelt, sondern beziehungsorientiertes Wachsen fördert.

Führung lebt wesentlich von der Fähigkeit, Menschen personal begleiten zu können. Begleiten bedeutet jedoch nicht manipulierendes Führen oder gar Drängen, sondern achtet den Menschen in seiner Persönlichkeit und glaubt zutiefst an seine Entfaltungsmöglichkeiten, seien sie auch noch so verborgen. Prozessorientiertes Begleiten holt den Menschen dort ab, wo er steht, nimmt seine situativen und entwicklungsbedingten Unsicherheiten ernst und berücksichtigt, dass alles Erleben und Verhalten stets der Logik eines häufig unbewussten psychischen Wachstumsprozesses folgt. In jedem Menschen lebt ein *unbewusster Selbst-Entwurf*, der auf Realisierung wartet. Letztlich ist dies kein reiner Selbst-Entwurf. Für Christen lebt ein solcher Entwurf aus dem Geheimnis Gottes, der in seiner Schöpfungskraft jeglichem Leben seinen Geist eingibt.

Dieses Umgehen mit den Menschen war und ist auch der Weg *Jesu* mit uns Menschen. Immer dort, wo *Jesus* Menschen begegnet, ruft er sie beim Namen, nimmt er sie ganz persönlich wahr. Mit dieser liebenden Aufmerksamkeit begegnet er den Menschen und fragt nach ihrer tiefsten Sehnsucht. So fragt er auch den blinden *Bartimäus* (Mk 10,51): „Was willst du, das ich dir tun soll?" In anderen Begegnungen fragt *Jesus* zum Beispiel: „Wen sucht ihr, wen suchst du?" Dabei geht es ihm bei dieser Frage nicht um die Suche nach Menschen oder irgendeiner Sache. Er fragt vielmehr *nach der Sehnsucht meines Lebens*. Für uns Menschen ist diese Frage nach unserer Sehnsucht existenziell, weil sie die Frage nach dem Sinn unseres Daseins berührt. Unsere Sehnsucht ist Motor, ist Motivation, mich dem Unbekannten und Fremden in mir zu nähern, weil auch dort mein Leben verborgen ist.

Eine der wichtigsten Führungsaufgaben ist es somit, die eigene Sehnsucht nach dem Lebendigen wahrzunehmen und diese im Leben anderer zu wecken. „Wenn du möchtest, dass Menschen ein Schiff bauen, dann musst du in ihnen die Sehnsucht nach dem Meer wecken", so wird es in einem bekannten Wort von *Antoine de Saint-Exupéry* formuliert. Und auch *Nelly Sachs* greift diesen Gedanken auf, wenn sie sagt: „Mit der Sehnsucht beginnt alles, die Sehnsucht ist der Anfang aller Dinge." Vor diesem Hintergrund, so verstehe ich *Berufung*, hat diese eine sehr persönliche, innewohnende Tiefe. Sie ist die suchende Hinwendung zu dem Göttlichen, dem Heilenden, dem Leben in Fülle, welches in mir verborgen ist. Wenn ich mich aus dieser Sehnsucht auf die Suche nach dem eigenen Leben begebe, mich in dieser Haltung mir selbst zuwende, dann hilft mir dies auch, das Geheimnis der Einzigartigkeit meines Gegenübers wertzuschätzen und zu erkennen.

Angelus Silesius beschreibt dies wie folgt in einem seiner Gedichte: „In jedem ist ein Bild des', was er werden soll, solange er's nicht ist, ist nicht sein Friede voll."

Zitate und Aphorismen

Was du mit Glauben und Mut begonnen hast,
das hilft dir Gott vollenden.
CHRISTOPH MARTIN WIELAND

Hab die Menschen gern, so wie sie sind.
Andere gibt es nämlich nicht.
PHIL BOSMANS

Das ist die einzige, ewige Erziehung: Von der Wahrheit
einer Sache so überzeugt sein, dass man wagt,
sie einem Kind zu sagen.
GILBERT KEITH CHESTERTON

Gute Lehren haben wir genug, aber wenig gute Lehrer.
VAUVENARGUES

Die Fragen sind es, aus denen das, was bleibt, entsteht.
ERICH KÄSTNER

In dir muss brennen, was du in anderen entzünden willst.
AUGUSTINUS

Wenn du eine hilfreiche Hand brauchst,
suche sie erst einmal am Ende des eigenen Armes.
Viele Menschen bauen zu viele Mauern
und zu wenige Brücken.
ISAAC NEWTON

Wenn der Weg unendlich erscheint
und plötzlich nichts mehr gehen will, wie du es wünschst,
gerade dann darfst du nicht zaudern.
DAG HAMMERSKJÖLD

Im Vorübergehen fragt mich mein Nachbar, wie es gehe.
Er fragt nicht, weil er mitgehen will, er fragt,
weil er weitergehen will. Ich antworte, es geht.
Aber es geht nicht, so nicht!
RUDOLF BOHREN

Kunst des Lebens: Leicht zu leben – ohne Leichtsinn.
Heiter zu sein – ohne Ausgelassenheit.
Mut zu haben – ohne Übermut.
THEODOR FONTANE

Impulse zum Weiterdenken

Die Aussage zu Beginn dieses Kapitels, dass menschliches Dasein nicht fertiges Geschenk oder unfertiges Chaos, sondern verborgenes Geheimnis ist, das sich auf Wachstum und Entwicklung ausrichtet, wollen die folgenden Texte und Fragen aufnehmen und weiterführen.

Der erste Text zeigt wesentliche *Grundhaltungen* auf, die nicht nur für Menschen in besonderen Führungsaufgaben von Bedeutung sind.

Drei Dinge

Drei Dinge musst du dir
und anderen wünschen
die Gesundheit
die Freude
und die Freunde

Drei Dinge musst du kultivieren
den Mut
die Güte
die Liebe in den Menschen

Drei Dinge musst du geben
dein Mögliches für die Armen
ein Wort des Trostes den Traurigen
ein Wort des Lobes allen
(Verfasser unbekannt)

Was sind meine *persönlichen Stärken* oder welches *Charisma* darf ich dort einbringen, wo ich Leitungs- und Führungsverantwortung wahrnehme?

Was sind meine Wünsche?
Was möchte ich kultivieren?
Was will und kann ich geben?

Menschen zu begleiten und zu führen, fordert von mir die Bereitschaft, in Beziehung zu treten und diese in der Balance von Freiheit und Bestimmung zu leben.

Dazu zwei Anregungen zum Nachdenken:

Wann und durch wen habe ich selbst dies besonders erfahren?

Welche Erfahrungen mache ich in meinem Führungsalltag im Blick auf die Balance von Freiheit und bestimmender Vorgabe?

Bei aller Führungsqualifikation und Leitungserfahrung bleibt doch vieles in der Entwicklung eines Menschen geheimnisvolles Geschehen. Auch das „*Geschehen-Lassen*" gehört zur Lebenswirklichkeit und setzt ein Erkennen der Endlichkeit meiner Möglichkeiten voraus.

Welche Widerstände, Fragen oder auch Zustimmung löst das folgende Zitat von *Blaise Pascal* in mir aus?

Es ist nicht auszudenken,
was Gott aus den Bruchstücken
unseres Lebens machen kann,
wenn wir sie und uns selbst
ihm ganz überlassen?

Was sind ausgehend von dem bisher Gesagten meine *fünf wichtigsten Leitworte* für die Führung und Begleitung von Menschen?

Wenn ich ich bin
und du du bist
Dann bin ich ich
und du du

Wenn aber ich ich bin
weil du du bist
und du du bist
weil ich ich bin

Dann bin ich nicht ich
und du nicht du
Chassidische Weisheit

Führen des Mitarbeiters
Kommunikation

Daß wir miteinander reden können,
macht uns zu Menschen.
KARL JASPERS

Zuerst eine sehr wichtige Frage:
Wie viel Prozent des Tages kommunizieren Sie eigentlich?
Wie lautet Ihre Antwort?
Wir schlagen Ihnen als Antwort vor: 100 % des Tages. Denn Kommunikation umfasst sowohl alle verbalen, paraverbalen und nonverbalen Aspekte, in denen sich der Mensch zeigt, wie auch das Phänomen der Selbstkommunikation.
In diesem umfassenden Sinne ist Kommunikation der ursprüngliche Ort des Menschseins und zugleich *das* Basiswerkzeug aller Führungsaktivitäten, aber auch eben aller anderen Kontakte schlechthin.

Zum Einstieg

Die Geschichte vom Hammer

Eines Tages entschließt sich ein Mann ein Bild aufzuhängen. Leider hat er nur Nägel, aber keinen Hammer. Was tun? Er überlegt. Sein Nachbar hat einen Hammer. Der Mann sagt sich: Problem gelöst, ich gehe zu ihm hin und leihe mir den Hammer. Doch was mache ich, denkt sich der Mann, wenn der Nachbar mir den Hammer nicht geben will? Gestern sah er schon so griesgrämig aus. Ich habe ihm freundlich „Guten Tag" gesagt und er hat nur genickt. Wenn überhaupt. Vielleicht hat er es gar nicht richtig gehört, dass ich ihn gegrüßt habe. Vielleicht hat er aber auch was gegen mich. Aber was? Ich habe ihm doch nichts getan. Ich bin immer nett zu ihm. Wenn er von mir ein Werkzeug leihen wollte, würde ich es ihm sofort geben. Warum er nicht? Wieso schlägt man seinem Mitmenschen einfach so einen Gefallen ab? Wahrscheinlich fühlt er sich gut dabei. Wahrscheinlich ist das seine Art, seine Macht zu genießen. Jetzt bildet der sich ein, bloß weil er einen Hammer hat, müsste ich vor ihm auf den Knien rumrutschen, oder was? Solche Leute sind doch einfach ekelhaft.

Mit diesen Gedanken erreicht der Mann die Tür von seinem Nachbarn. Er presst den Finger auf die Klingel und wartet, bis die Tür aufgeht. Bevor sein verdutzter Nachbar auch nur „Guten Tag" sagen kann, schreit ihn der Mann an:

„Wissen Sie was? Ihren blöden Hammer können Sie behalten!"*

Diese Geschichte, die *Paul Watzlawick* in sein Buch „Anleitung zum Unglücklichsein" aufgenommen hat, illustriert auf sehr treffliche Weise das Thema „*Selbstkommunikation*" – und in diesem Fall eine „schwarze" oder negative Form, die sich sodann auf die soziale Realität auswirkt.

---

* Aus: M. Nöllke, Anekdoten, Geschichten, Metaphern für Führungskräfte. Freiburg-Berlin-München 2002, 325.

(Management-)Reflexionen

Im Dickicht der Kommunikationsfallen Täglich tappen wir in *Kommunikationsfallen*, errichten wir Barrieren zwischen uns und anderen oder werden Opfer „schwarzer Kommunikation". Kleine Fehler haben große Wirkungen, zum Beispiel die Sätze anderer Leute zu beenden oder Menschen zu unterbrechen, während sie reden. Killerphrasen werden eingesetzt, herabsetzende Kritik an Personen wird geübt, autoritäre Sprüche geäußert. Sie kritisieren Mitarbeiter vor anderen oder geben ihnen nicht ausreichend Gelegenheit, ihren eigenen Standpunkt darzulegen. Gute, gelingende Kommunikation macht sich nicht von allein, sondern muss gelernt und eingeübt werden.

Kommunikationskompetenz Hat Kommunikation etwas mit *Lernen und Können* zu tun? Ganz sicher, wenn wir *Goethes* Wort vertrauen dürfen: *Sich mitzuteilen ist Natur. Mitgeteiltes aufzunehmen, wie es gegeben wird, ist Bildung.* Entsprechend kann und soll ich Kommunikationswerkzeuge oder Kommunikationstechniken erlernen, um Kommunikationskönnerschaft aufzubauen. Als wichtige Beispiele können etwa das aktive Zuhören, eine exzellente Fragetechnik, das hervorragende Geben und Nehmen von Feedback, persönlichkeitsorientierte Kommunikation oder die Fähigkeit zu chancenorientiertem Denken und Sprechen genannt werden. Alle diese Dinge können gelernt werden, so dass eine *wachsende Kommunikationskompetenz* auf der Seite der *Menschen* klare und effektive *Kommunikationsstrukturen* auf der Seite der *Organisation* ergänzt.

Eine gute Führungskraft zeigt sich im Führungsdialog als Könner der Kommunikation. Ein Teil der Könnerschaft ist das *Führen durch Fragen*. Dabei sollten vor allem Fragen der *nicht-direktiven Gesprächsführung* bevorzugt werden. Die Vorteile der Fragetechnik liegen auf der Hand: Fragen können, wenn sie ruhig und sachlich gestellt werden, *nicht als Angriff* aufgefasst werden. Sie symbolisieren *Anerkennung und Respekt*, weil sie zeigen, dass wir am anderen *interessiert* sind.

Sie bauen *Brücken*. Sie öffnen *Türen*, indem sie uns helfen, Zugang zu den Informationen und Einschätzungen unseres Gesprächspartners zu finden. Fragen mobilisieren die *Kreativität*, das *Mitdenken* und die *Eigenverantwortung* des Mitarbeiters. Außerdem können wir durch Fragen vorsichtig den anderen dorthin *führen*, wo es am sachgerechtesten ist. Führen durch Fragen ist *ziel- und ergebnisorientiert*. Die wichtigste Frage allerdings wäre nun: Sind *Sie selbst* jemand, der exzellent fragen kann?

Neben und vor der Frage nach dem Einüben einzelner Fähigkeiten in der Kommunikation steht die grundsätzliche Frage danach, ob es ein „*Grundgesetz*" oder ein „*Fundament*" für *gelingende* Kommunikation gibt. Keine Basissätze für Kommunikation überhaupt, sondern für gute oder erfolgreiche Kommunikation. Natürlich sind alle Dinge, die hier gerne genannt werden, wie Vertrauen, Offenheit, Interesse, gutes Zuhören usw. von großer Wichtigkeit. Und ohne sie wird eine gute Kommunikation kaum stattfinden. Dennoch sind sie nicht das gesuchte Grundgesetz.

Wenn man Menschen beobachtet, die sich gut verstehen, so sieht man fast immer wieder ein ähnliches Muster. Menschen, die sich gut verstehen, produzieren, bewusst oder unbewusst, ständig „*Akte von Ähnlichkeit*": Nippt der eine an seinem Glas, trinkt der andere (fast) zeitgleich an seiner Tasse, reibt der eine an seiner Nase, zupft der andere an seinem Ohr, die Stimmen sind aufeinander „*eingestellt*", die Körpersprache ist aufeinander „*abgestimmt*". Zwischen den Gesprächspartnern herrscht ein Art spiegelnder Ähnlichkeit, d. h., es sind *beinahe* Spiegelungen, aber doch keine vollständige Kopie oder Imitation („*Pacing*").

Dieses Einander-nahe-Sein wird sehr gut intuitiv erfasst, wenn man sagt, dass man jemanden dort *abholen* sollte, wo er sich befindet. Dieses Sich-Einstellen auf den anderen erzeugt nämlich die gleiche „*Wellenlänge*", die so charakteristisch ist für ein gutes Kommunizieren.

Entsprechend sollten wir darauf achten, durch die existierende Kommunikationstür des anderen zu gehen und keine neuen Türen in andere hineinzuschlagen. Statt „mit der Tür ins Haus zu fallen" oder einfach zu reden, „wie uns der Schnabel gewachsen ist", ist die Aufgabe gelingender Kommunikation die, zu einem anderen zu gehen, um ihm nahe zu sein, ihn da abzuholen, wo er jetzt gerade steht, und sich erst dann mit ihm aufzumachen, einen gemeinsamen weiterführenden Weg zu finden. Praktisch heißt dies, die verbale, paraverbale und nonverbale Kommunikation dem anderen anzugleichen und seine Schlüsselwörter bzw. Schlüsselgedanken aufzunehmen. Erst dadurch gewinnen wir den fruchtbaren Boden, auf dem dann das Weitergehen und Weiterführen, Herausforderung, Wachstum und Auseinandersetzung („*Leading*") gelingen können. Das gesuchte Kommunikationsgrundgesetz bestünde dann aus den Stufen „Pacing" und „Leading". Daraus baut sich die Kommunikationstreppe gelingender Kommunikation auf. Doch der Einstieg, die erste Stufe ist regelmäßig die des „Pacing".

Kommunikationsethik Bereits in dieser Dimension, dem anderen nahe zu sein, zu ihm zu gehen, sich auf ihn einzulassen und einzustellen, zeigt sich bereits die Verknüpfung von Management und Spiritualität. Sie wird nochmals sichtbar, wenn wir auch auf die *ethische* Dimension in der Kommunikation hinweisen. Denn: *Freundliche* Worte sind wie Honig; süß für den Gaumen und gesund für den ganzen Körper (*Sprichwörter* 16,24), und: *Vertrauen* trägt mehr zur Unterhaltung bei als Geist (*La Rochefoucauld*).

Ein Gesprächspartner, der sich spiegelbildlich und empathisch auf eine gemeinsame Kommunikation einlässt, wird immer auch versuchen, einer *Ethik der Kommunikation* zu folgen. Eine solche Kommunikationsethik schließt bestimmte *Werte* ein, die in der Kommunikation *gespürt* oder *erlebt* werden können, etwa Offenheit, Respekt und Authentizität. Sie macht in jedem Fall deutlich, dass nicht Kommunikation überhaupt, sondern nur eine bestimmte, *qualifizierte Art der Kommunikation* für das gute Gespräch in Frage kommt.

Wie du in den Wald rufst ... Wir wollen diese Art der Kommunikation als „*Dialog*" oder „*Gespräch*" bezeichnen. In ihm geht es nicht nur um den *Inhalt* oder ein *Thema*, sondern vor allem auch um die *Form* des Sprechens. Kommunikation ist etwas, das ursprünglich Gewalt und Isolation überwindet und „*in Verbindung bringt*" und „*Beziehung stiftet*". Dabei wird ein gutes Gespräch bekanntlich nicht durch seine Länge definiert, sondern durch seine Qualität.

Die ethische Qualität der Kommunikation erhält ihre Impulse aus diesen Überlegungen. Sie weiß, so wie Gedanken, die kränken, krank machen, so machen auch kränkende Worte krank. Worte können lähmen oder befreien, verletzen oder heilen, lebendig machen oder töten. Böse Worte machen Gute böse. Und gute Worte machen Böse gut. Worte verwandeln. Weil Worte Kräfte sind, formt die Kommunikationsethik eine Haltung und zeigt sich in ethischen *Grund-Sätzen*, die die Kommunikation begleiten, navigieren und ihr helfen können, besser mit anderen Menschen in Verbindung zu treten und in Beziehung zu bleiben.

Ethische Grund-Sätze, die die Qualität der Kommunikation anheben, könnten zum Beispiel sein:

- Achte darauf, *Offenheit* zu geben und zu gewähren
- Achte darauf, *Respekt* und *Annahme* zu signalisieren
- Achte darauf, *Authentizität* zu zeigen und zu ermöglichen
- Achte darauf, dass jeder ein *Unikat* und *Geheimnis* ist
- Achte darauf, dass *Schweigen* ein Akt der Weisheit ist
- Achte darauf, dass Kommunikation *Kraft* gibt *zum Leben*, dass sie stärkt und lebendig macht

Weisheitstext

Kommunikation und Menschsein

Kommunikation ist Begegnung und bedeutet „*in Verbindung treten mit*". Wenn man sich als gleichberechtigte Partner im Gespräch wechselseitig anerkennt, die Freiheit des jeweils anderen ernst nimmt und darauf verzichtet, ihn zu manipulieren oder zu instrumentalisieren, kommt man in Verbindung miteinander. Dieses Miteinandersprechen ist die ursprünglichste und nicht weiter ableitbare *menschliche Daseinsweise*. Im Sinne *Jaspers* könnte man formulieren: Das Leben ist in dem Maße wahr, in dem es Kommunikation ermöglicht und fördert. Und Kommunikation, so können wir ergänzen, ist in dem Maße wahr, in dem es Leben fördert

Die kommunikationsanthropologische Frage nun lautet: Warum zuletzt oder zutiefst kommuniziert der Mensch? Die hier vorgeschlagene Antwort lautet: Weil er eine Frage ist, eine „*große Frage*", wie *Augustinus* formuliert. Der Mensch ist eine große, unruhige, um sich selbst besorgte Frage, auf die er sich nur vorläufige, provisorische Antworten geben kann. Er ist ein *homo absconditus*, sich selbst dunkel, verborgen und entzogen. Er gleicht einem beschädigten, schwer entzifferbaren Text; einem Buch, das keinen klaren Anfang und kein klares Ende hat. Darum ist seine Geschichte auch rätselhaft. Dies ist die Verfassung des Menschen. Deswegen muss er kommunizieren. Der Mensch kommuniziert und muss kommunizieren, weil er eine große Frage ist.

Und was ihm begegnet und ihn umgibt, die Wirklichkeit, ist ihm ebenso *fragwürdig*. Deshalb muss er mit ihr Verbindung aufnehmen, sie befragen, erkunden, erforschen, untersuchen. Deshalb muss er über sie und mit ihr sprechen. Weil wir uns selbst und die Dinge für uns fragwürdig sind, müssen und wollen wir kommunizieren. Kommunikation ist Resonanz auf diesen anthropologischen Grundtext, in dem sie wurzelt, den sie wiederholt und spiegelt.

Ausdruck und Ansprache

Kommunikation bedeutet also, in Verbindung zu treten oder zu sein. Kommunikation bringt uns, im Gegensatz zur Isolation, *in Verbindung mit uns selbst und der Wirklichkeit*. Die beiden Urakte der Kommunikation sind dabei Ausdruck und Ansprache.

Ausdruck: Im Blick auf sich selbst bringt der Mensch sich selbst zur Sprache, er bringt sich selbst ans Licht, er will sich zeigen dürfen, ansehen und verstehen. Kommunikation ist Selbstoffenbarung, sehen und zeigen, entdecken, wer man ist, ein Emporschaffen und Freilegen, ein Lichten und Öffnen. Kommunikation ist schöpferischer Vorgang: Hervorgang von neuem Leben.

Ansprache: Im Blick auf andere und anderes, die Wirklichkeit der Natur und der Mitmenschen, ist Kommunikation Anrede, Ansprache, Benennung, Begegnung, Kontakt und Beziehung, Annäherung, Aufhebung der Fremdheit im Verstehen, eine Spur von Versöhnung.

Kommunikation ist die Sehnsucht nach Heimat und Verstehen. Kommunikation ist der Versuch, die doppelte Fraglichkeit, die sowohl des Menschen als auch der Welt, die Frage, die wir sind, als auch die Fragen, die wir haben, durch Ausdruck und Ansprache sichtbar zu machen und zu beantworten.

Meditation

Wann ist Kommunikation weise? Wann ist Kommunikation weise? Kommunikation gelingt, wenn sie das Grundgesetz erfolgreicher Kommunikation „*Pacing*" und „*Leading*" sieht und beachtet. Kommunikation ist des Weiteren dann gut und angemessen, wenn sie den kommunikationsanthropologischen *Ursinn* nicht verstellt, sondern befördert, wenn sie *Ausdruck und Ansprache* zulässt und nicht durch Lüge, Lärm, Geschwätz, Täuschung, Propaganda, Manipulation, bloße Rhetorik oder andere Sprachgewalt unterdrückt oder verfälscht. Aber wann könnte man Kommunikation weise nennen? Und was können wir unter „weise" verstehen?

Was bedeutet „weise"? Weise ist der zu nennen, der weiß, dass er die Weisheit nicht hat, dass er nicht Herr und Besitzer der Weisheit, sondern nur *Freund* der Weisheit sein kann, was dem Wort „Philosophie" entspricht. In theoretischer Hinsicht ist also Weisheit nicht möglich ohne den Begriff des *Suchens*, des Nichthabens, des Nichtwissens, des Entzogenseins, des Geheimnisses. Und weise ist, wie der Talmud sagt, ein Thema des aufgeschlossenen und vielfältigen Lernens: Wer ist weise? – Der von jedem lernt. Ohne eine entsprechende Haltung und Einstellung hat man wohl kein angemessenes Verständnis von Weisheit.

Weisheit und Tod? Die *Besinnung auf den Tod*, das Sterbenlernen, um wahrer leben zu können, fügt sich dieser Haltung ein. Der Tod ist nämlich nur ein anderer Name für *Nichtwissen*, ein definitives Nichtwissen. Er entdogmatisiert unsere überheblichen Gewissheiten und wirft sie alle am Ende ins Grab. „Ich weiß nicht" bedeutet so viel wie „Ich bin ein Endlicher, ein Sterblicher und kein Gott". Der Tod ist eine Wurzel unserer eigenen Fraglichkeit, er ist das völlige Dunkel, in dem alle unsere Lampen verlöschen, der dunkle Kontinent, das Fremde schlechthin, der große Herr, in dem wir alle unsere Selbstbestimmung und Selbstkontrolle aufgeben und absolute Gelassenheit lernen müssen, in dem wir völlig unsere Fassung verlieren und ins Unfassbare stürzen, ein Abgrund für alle Reflexion.

Das fortwährende und immer unabgeschlossene Abenteuer der Vernunft nimmt von hier aus ihre stets provisorische und fragmentarische *Reise* als ein endloses Verschieben der Horizonte auf, ohne sicheren Hafen im Ungewissen unterwegs.

Weisheit und Selbstbefreundung

In praktischer Hinsicht bedeutet Weisheit „*Freundschaft*"; dies ist ihr Ziel und Interesse. Dabei ist sie zum einen *Selbstbefreundung*: Das Interesse der Weisheit ist Freundschaft, Selbstbefreundung, im Einklang sein mit sich, Balance, stimmig werden, ein „Ja" zu sich selbst finden. Freundschaft mit mir selbst ist nur möglich, wenn ich zugleich danach strebe, *universale Freundschaft* zu finden: Freundschaft mit allem, was ist, Brücken zu bauen, Türen zu öffnen, Begegnung und Verstehen zu ermöglichen. Universale Freundschaft ist allerdings immer nur im Anbruch möglich. Denn alles menschliche Leben ist durchzogen von vielen Grenzen, Brüchen, Ängsten, Verletzungen, Schuld.

Und wann könnte man nun Kommunikation weise nennen?

Kommunikation und Grenzen

Kommunikation ist zunächst ein *Tun*. Sie will Verbindung herstellen, sich annähern, zuwenden, begegnen, begleiten, mitgehen. Aber manchmal zerbrechen alle Worte, manchmal fehlen einem die Worte, manchmal verschlägt es einem die Sprache, manchmal verstummen wir, manchmal fallen wir in eine Kommunikationsdunkelheit. Dann müssen wir verstehen, dass es eine Grenze für Kommunikation und Verstehen gibt. Wenn die Dinge zu groß und zu schwer geworden sind, als dass wir sie mit unseren Worten noch umfangen können, stoßen Ausdruck und Ansprache an ihre Grenzen. Wir müssen akzeptieren, dass das *Lassen* ebenso zur Kommunikation gehört wie das Tun. Wir müssen auch lassen können: sein-lassen, los-lassen, gelten-lassen, stehen-lassen, frei-lassen, schweigen. Kommunikation, die diese Grenzen nicht beachtet, sondern überspielen und übertönen will, ist gar keine Kommunikation, sondern Lärm.

Selbst-Entzogenheit

Manchmal sind wir nicht einfach eine große Frage, sondern eine so große Frage, dass wir uns keine Antwort geben können, so dass wir spüren, dass alle Antworten „falsch" sind. Es gehört zur Selbstannahme und Selbstbefreundung, sich auch mit seiner eigenen *Selbstverborgenheit und Selbstentzogenheit* anzufreunden, sich selbst und auch den anderen als Provisorium und Fragment anzunehmen. Dann muss man die Fragen selbst aushalten und ertragen, das Nichtverstehen dulden, im *Nichtwissen*, und das heißt auch im Geheimniszustand, bleiben können. Über Gott sagt *Augustinus* „Si comprehendis non est Deus", wenn du es verstehst, ist es nicht Gott. Denn er übersteigt all unser Verstehen und ist das Ende und Grab unseres Verstehens. Aber wir können dies auch über jeden einzelnen Menschen sagen: Auch er ist immer ein Geheimnis, es bleibt stets Intransparenz. Mit den Worten *Pascals*: Der Mensch übersteigt den Menschen unendlich. Er bleibt unserem Zugriff entzogen. Daher gibt es auch das *Geschenk des Nichtverstehens*.

Kommunikation ist weise, wenn ...

Wann also ist Kommunikation „weise"? Sie ist es, wenn sie ihre kommunikationsanthropologische Wurzel versteht, wenn sie ihren Sinn für den Kommunizierenden erfüllt. In Abwandlung eines Wortes von *Novalis* über Philosophie könnten wir sagen: „Kommunikation ist die Sehnsucht des Menschen nach Heimat, der Wunsch, überall zu Hause zu sein." Sie ist weise, wenn sie ihre Grenzen sieht und anerkennt. Und Kommunikation ist weise, wenn sie dem Ziel der Weisheit dient, Selbstbefreundung und Freundschaft mit der Wirklichkeit zu ermöglichen. Zu dieser Weisheit gehört schließlich eine entsprechend gestaltete ethische Qualität der Kommunikation, die wir zuvor besprochen haben.

Zitate und Aphorismen

*Das Gespräch ist meiner Ansicht nach die lohnendste
und natürlichste Übung unseres Geistes.
Keine andere Lebensbetätigung macht
mir so viel Freude.*
MICHEL DE MONTAIGNE

*Geist und Empfinden werden gebildet oder verdorben
durch die richtigen oder die falschen Gespräche.*
BLAISE PASCAL

*Dass wir miteinander reden können,
macht uns zu Menschen.*
KARL JASPERS

Rede, damit ich dich sehe!
SOKRATES

Rede ist die Kleidung der Seele.
SENECA

*Freundliche Worte sind wie Honig;
süß für den Gaumen und gesund für den ganzen Körper.*
SPRICHWÖRTER 16,24

Die Worte mancher Leute sind wie Messer;
die Worte weiser Menschen bringen Heilung.
SPRICHWÖRTER 12,18

Wir wollen reden, wie wir empfinden, und empfinden,
wie wir reden. Rede und Leben sollen zusammenstimmen.
SENECA

Die Menschen werden nicht durch die Dinge, die passieren,
beunruhigt, sondern durch die Gedanken darüber.
EPIKTET

Man braucht zwei Jahre, um sprechen zu lernen,
und fünfzig,
um schweigen zu lernen.
EERNST HEMINGWAY

Viel von sich reden kann auch ein Mittel sein,
sich zu verbergen.
FRIEDRICH NIETZSCHE

Zur Lektüre empfohlen werden auch die Ausführungen im Jakobusbrief, 3,1–12, zur Kraft und Zwiespältigkeit der menschlichen „Zunge", d. h. zu Rede und Kommunikation!

Impulse zum Weiterdenken

Zu welchen Gedanken, Ideen und Einsichten bin ich gekommen? Was ist mir wichtig?

Welche Kommunikationsfähigkeiten will ich (weiter) aus-/aufbauen?

Verstehe und praktiziere ich das „Grundgesetz" gelingender, erfolgreicher, guter Kommunikation?

Achte ich auf die Qualität des Gesprächs, indem ich die kommunikationsethischen Grundsätze berücksichtige? Prägen sie meine Haltung? Übernehme ich Verantwortung für die Qualität meiner Gespräche?

Verfolge ich Kommunikation in ihre Tiefe, indem ich den Zusammenhang von Kommunikation und Menschsein sehe, verstehe und würdige?

Bedenke ich die Frage, wann Kommunikation weise ist? Kenne und respektiere ich ihre Grenzen?

Besinne ich mich auch auf die stillen Gespräche in mir selbst, auf die Selbstkommunikation? Identifiziere ich „schwarze Tonbänder" oder „negative Drehbücher" in mir? Und versuche ich, sie zu heilen oder zu überwinden?

Woran werde ich nun arbeiten? Was werde ich tun und was werde ich lassen? Was genau nehme ich mir nun konkret vor, ohne es auf die lange Bank zu schieben? Welche Punkte will ich ab morgen unmittelbar in meiner Arbeit verwirklichen?

Teammanagement

Wenn wir uns uneinig sind,
gibt es wenig, was wir können.
Wenn wir uns einig sind,
gibt es wenig, was wir nicht können.
JOHN F. KENNEDY

Teammanagement
Exzellente Teams

Geh zu den Menschen.
Lebe mit ihnen – lerne mit ihnen – liebe sie.
Beginne mit dem, was sie haben.
Aber von den besten Führerinnen und Führern,
wenn ihr Ziel erreicht war,
haben alle Leute gesagt:
Wir haben es getan.
CHINESISCHE WEISHEIT

Zum Einstieg

Die Bremer Stadtmusikanten „Es hatte ein Mann einen Esel, der schon lange Jahre Säcke unverdrossen zur Mühle getragen hatte, dessen Kräfte aber nun zu Ende gingen, so dass er zur Arbeit immer untauglicher ward. Da dachte der Herr daran, ihn aus dem Futter zu schaffen, aber der Esel merkte, dass kein guter Wind wehte, lief fort und machte sich auf den Weg nach Bremen; dort, meinte er, könnte er ja Stadtmusikant werden."

Dieses Märchen ist den meisten seit frühester Kindheit bekannt und zeigt in wunderbaren Bildern *Gründungsgeschichte und Entstehung eines exzellenten Teams.* Auf den ersten Blick scheinen diese vier, Esel, Hund, Katze und Hahn, nicht nur sehr unterschiedlich, sondern auch mit ihrer Leistungskraft am Ende zu sein.

Alle waren einmal wertvolle Arbeiter, die ihren Dienst mit ganzer Kraft und Energie taten. Nun jedoch scheint ihre Zeit abgelaufen zu sein. Ihrer Aufgabe sind sie nicht mehr gewachsen. Sie seien zu nichts mehr nutze, so wird es von ihren Vorgesetzten deutlich benannt. Sogar „tödliche Konsequenzen" werden ihnen angedroht. Ihr Leben scheint keinen Sinn mehr zu haben. Es gibt keine Perspektive für eine sinnvolle Zukunft.

Doch da hat einer eine zündende Idee, eine Vision. Einer macht sich auf den Weg, oder vielleicht besser gesagt, er lässt sich von seiner Vision bewegen. So bestätigt sich auch in diesem Märchen erneut die bekannte Wahrheit „Fange nie an, aufzuhören – Höre nie auf, anzufangen".

Auf jedem Weg, den wir Menschen zurücklegen, begegnen uns andere, stehen andere Menschen am Weg oder werden uns in den Weg gestellt. Es geschieht Begegnung, die zu einer Chance für jeden von uns werden kann. Doch zuvor brauche ich ein „Lösungswort", ein *„Bewegungswort"*, das Sehnsucht und Feuer entfacht, damit ich mich aus der Lethargie löse und zu neuen Ufern aufbreche.

Gemeinsam unterwegs

Aufgabe von Führung ist es, zum Eigenen zu ermutigen. Führung muss klare Zielvorstellungen haben, ohne dabei notwendige Entwicklungen zu übersehen und zu verhindern. Leben ist Werden. Teambildung ist *gemeinsames Werden*.

Ein exzellentes Team ist nie statisch, sondern lebt von der *Dynamik der Unterschiedlichkeit* der Einzelnen. Diese Unterschiedlichkeit gilt es gewinnbringend und lebensfördernd für die gemeinsamen Ziele einzusetzen. Ein solcher Weg erfordert Selbstbewusstsein und Eigenstand genauso wie einen wachsamen und hörenden Blick für das andere oder den anderen.

Ich muss meiner Sache gewachsen sein, so sagt man gerne. Ein exzellentes Team ermöglicht mir gemeinsames Lernen und gemeinsames Wachsen. Es ist das Umfeld, in dem ich in eine Sache und in meine Aufgabe hineinwachsen kann. Dieser Weg ist nicht einfach und gelingt auch nicht immer, bietet aber ungeahnte Möglichkeiten für mich und für andere.

(Management-)Reflexionen

Freiheit und Vorgabe

Ein exzellentes Team lebt immer in der Spannung von individuellem Freiheitsgrad und gemeinsamen Vorgaben. Das Entwickeln einer gemeinsamen *Teamkultur* ist dabei die Grundvoraussetzung, um die eigene Rolle und Verantwortung im Team finden und weiterentwickeln zu können. Schon in dem eingangs erwähnten Märchen der „Bremer Stadtmusikanten" werden wesentliche Aspekte einer Teamkultur in fast spielerischer Weise zu Erfolgsfaktoren für die Bewältigung konkreter Lebensanforderungen.

Am Anfang steht die *Überwindung der eigenen Resignation*, mag sie auch noch so verständlich sein. Nur dadurch wird es möglich, erneut ein *erstrebenswertes Ziel* ins Auge zu fassen und dieses im Blick zu behalten. So kann ich mich *auf einen Weg begeben*, der zwar nicht umfassend und in allen Details planbar ist, aber gerade deswegen auch neue Lebensmöglichkeiten für mich bereithält. Es dürfen dabei durchaus, und dies stellt sich meist unweigerlich ein, Bedenken und Zweifel auftauchen. Diese wirken dann wie ein Objektiv. Sie sind so zu nutzen, dass durch sie das Ziel näher herangeholt wird, um es klarer und deutlicher in den Blick nehmen zu können.

Zielsicher

Das Ziel nicht aus den Augen zu verlieren, mögen auch Detaildiskussionen davon ablenken wollen, darin besteht die Aufgabe von Leitung und Führung. Dies tut in unserem Märchen der Esel – ohne große theoretische Ausführungen, sondern mit kurzer und klarer Anweisung.

Da Aufgaben heute meist ein Gebilde komplexer und differenzierter Anforderungen sind, bei denen unterschiedliche Fachlichkeit gefordert ist, kommt es bei der Teambildung gerade auch auf die richtige „Mischung" an. Nur so ist es möglich, konkrete Teilschritte sowohl inhaltlich als auch zeitlich klar zu benennen und Verantwortlichkeiten zuzuordnen. Über Gewohntes und Vertrautes hinauszudenken und Liebgewordenes zu verlassen, gerade auch diese Fähigkeit zeichnet ein gutes Team aus. Besonders sie wird in einem Prozess der Neuorientierung und Neuausrichtung notwendig sein, um auch Ungewohntes zu wagen.

Da, wo es sinnvoll und notwendig ist, sollten externe Ressourcen genutzt werden. *Beratung und Begleitung* können sehr hilfreich eingebunden werden, ohne das Vertrauen in die eigenen Fähigkeiten zu schwächen. Ein solches Vertrauen in das eigene Team und in die unterschiedlichen, individuellen Fähigkeiten und Charismen ist für ein exzellentes Team unverzichtbar.

Bei der Fußballweltmeisterschaft 2006 waren dies sicherlich wesentliche Faktoren, die das überraschende und erfreulich erfolgreiche Abschneiden der Deutschen Nationalmannschaft bedingt haben. Ihr Trainer, *Jürgen Klinsmann*, behielt als Ziel den Umbau der Mannschaft und die Umstellung auf Offensivfußball im Auge und ließ sich nicht auf Detaildiskussionen ein. Mit aller Konsequenz traf er Personalentscheidungen und bewahrte sich dabei die Freiheit, persönliche Entscheidungen auch gegen öffentliche Kritik durchzutragen. Er nutzte die eingeforderten Freiräume dazu, eingefahrene Strukturen aufzubrechen. Indem er einen Beraterstab zusammenstellte, machte er deutlich, dass jedes Team, mag es auch noch so exzellent sein, immer der Ergänzung bedarf. Er setzte bewusst auf neue, junge Spieler, ohne von ihnen bereits ein fehlerloses Spiel zu erwarten. Er erlaubte sich und anderen, Fehler zu machen, weil gerade Fehler Lernmöglichkeiten bieten und nur so Veränderungen möglich werden, die bei Belastungen nicht gleich wieder zerbrechen. Vertrauen in das Team und Konzentration auf die eigenen Stärken, ohne jedoch die Schwächen zu vernachlässigen, diese beiden Faktoren waren für ihn selbst und seinen Trainingsstab tragende Pfeiler, auf denen sie ein erfolgreiches Team aufbauen konnten.

Arbeit und Geschenk

Exzellente Teams sind also nicht einfach da, sondern sind harte Arbeit und Geschenk. Verhalten zu formen und eine tragende Teamkultur zu entwickeln braucht sicherlich die normative Kraft klarer *Strukturen*, darf jedoch die Dynamik und Bedeutsamkeit der *Beziehungsebene* nicht vernachlässigen. Es wird mir nicht gelingen, ein wirkliches Team zu entwickeln, wenn ich die „Rechnung ohne den Menschen" mache.

Ein gutes Team lebt von dem Initiativrecht und der Initiativpflicht seiner Mitglieder, wobei diese durchaus unterschiedlich in Umfang und Intensität sein können. Jedoch allein das Schaffen von Spielräumen für ein erweitertes Leistungsverhalten führt noch nicht zwangsläufig zu Verhaltensveränderungen. Wirklich zu einem exzellenten Team heranzuwachsen heißt immer auch, „Gewohntes und Vertrautes neu zu denken". Ein solches Denken bedeutet immer zugleich Risiko und Chance, weil Veränderungen häufig auch die widerständige Kraft unseres Beharrungsvermögens und Routineverhaltens hervorrufen.

Konstruktiv und realistisch mit solchen Widerständen umzugehen zeichnet exzellente Führung aus, denn exzellente Teams brauchen auch exzellente Führung. Dabei ist es wichtig, nicht ständig neue Instrumentarien einzusetzen, weil sie angeblich schnellen Erfolg versprechen. Ein solcher Weg kann rasch unwegsam werden oder am Ziel vorbeiführen, weil das Auflegen immer neuer Instrumentarien auf der Fortschrittstreppe leicht dazu führt, die wirklich tragenden Fundamente zu vernachlässigen. Wichtig ist es also, stets abzuklären, ob die *„Renovierung und Reaktivierung"* des bereits bestehenden Instrumentariums nicht größere Erfolgsaussichten bietet. So kann es beispielsweise wichtiger sein, demotivierende Umstände und demotivierendes Verhalten zu beseitigen, als immer wieder neue Motivationsinstrumente zu erfinden. Teambildung und Teamorganisation sind nicht wie das passive Drehen einer Fahne im Wind, sondern eher wie das aktive Versetzen von Bergen. Teambildung und Teamführung sind, wie bereits eingangs erwähnt, harte Arbeit und Intuition, aktives Geschehen und passives Geschehenlassen.

Vision und Alltag Eine weit verbreitete Illusion ist es auch, zu meinen, es wäre möglich, allein mit einer überzeugenden *Vision* den Durchbruch zur Bildung eines exzellenten Teams zu erzielen. Auch eine noch so gute Vision kann Menschen nicht zu einem „Dream-Team" zusammenführen. Eine die Zukunft erhellende Vision, durch die gerade auch neue Bilder im Inneren entstehen können, nützt nur wenig, wenn sie nicht zugleich bestimmt wird und geprägt ist von:

- angemessener Information und Kommunikation
- offener, konstruktiver und sachlicher Kritik
- Klarheit in der Entscheidungsfindung
- Verlässlichkeit bei Vereinbarungen und Absprachen
- einer guten Teamatmosphäre
- überzeugender Sinnvermittlung und echter Transparenz
- einem geeigneten Maß an bürokratischen Strukturen
- ausreichenden Kreativitätsspielräumen
- Beachtung von Verbesserungsvorschlägen
- wertschätzendem und ehrlichem Umgang aller Teammitglieder untereinander

Schon diese nicht erschöpfende Darstellung wichtiger Grundsätze und Ziele macht deutlich, dass die Bildung eines exzellenten Teams nicht bei der Beschreibung eines Idealzustandes stehen bleiben kann, sondern die Vielfalt menschlicher Beziehung *aus dem Alltag heraus* stabilisieren und bilden muss. Erst dadurch wird es möglich, die angestrebten Ziele unter Beteiligung möglichst aller zu erreichen. Es muss gerade Führungspersonen bewusst sein, dass nichts schädlicher ist, als unerfüllbare Erwartungen zu wecken und unrealistische Selbstverpflichtungen zu verlangen. Wichtig sind offensive Zielsetzungen, denn solch offensive Vorgaben und realitätsnahe, strategische und operative Planungen mobilisieren und motivieren. Durch sie kann und muss das gemeinsame Interesse konkretisiert werden, also das, was uns letztlich zusammengeführt hat und auch zukünftig zusammenhält.

Offensive Ziele, die das Wünschenswerte und Mögliche nicht überhöht darstellen, sondern die realen Gegebenheiten mitberücksichtigen, fördern eine hohe Leistungsbereitschaft und die

Entwicklung einer tragenden Teamkultur. Führungskräfte müssen überzeugen und zuvor selbst von dem, was sie sagen, überzeugt sein. Dies ist wichtig, damit der Wunsch, die sich zeigenden großen Chancen nutzen zu wollen, nicht zum Wunschtraum wird.

Das Wort von *Augustinus*, das der vormalige Limburger Bischof *Kamphaus* auf seinem Schreibtisch liegen hatte, formuliert diesen Gedanken sehr anschaulich. „In dir muss brennen, was du in anderen entzünden willst."

Besondere Herausforderungen – besondere Eigenschaften

Die besondere Herausforderung heute besteht wohl darin, dass es häufig nicht mehr nur um Korrekturen oder Teilprozesse geht, sondern umfassende und radikale Veränderungsnotwendigkeiten gefordert sind. Die Komplexität heutiger Anforderungen fordert von allen im Team daher folgende Aspekte:

- eine Motivation, die auch bei Fragen und Belastungen trägt
- ein klares Wissen um die Ziele des Unternehmens und die Identifikation mit diesen
- die Bereitschaft, sich zur Erreichung der Ziele engagiert einzusetzen
- ein vorbehaltloses konstruktives Verhalten
- den Blick für die ökonomischen Notwendigkeiten und Zwänge
- eine Lernbereitschaft, die sich an den Anforderungen des Alltags orientiert
- die Fähigkeit, im Team zu arbeiten und dieses aktiv mitzugestalten
- soziale Kompetenz und die Fähigkeit zur Kommunikation

- das Wissen um Qualitätsmerkmale und die Bereitschaft, sie auch im Alltag umzusetzen
- eine verantwortliche und konstruktive Eigeninitiative und die Bereitschaft zu Eigen- und Selbstverantwortung

Tragen und Getragenwerden

Diese elementaren Eigenschaften mögen eine hohe Anforderung darstellen, die vielleicht sogar abschreckt, und doch lassen sich wohl kaum Abstriche machen. Wir Menschen sind nun einmal nicht ein funktionierendes Uhrwerk oder eine fehlerfrei arbeitende Maschine. Wir Menschen sind Geschöpfe, die nicht nur funktionieren, sondern deren Leben in der Spannung von unbegrenzten und begrenzten Möglichkeiten steht. Wir erfahren uns in unserer Kraft und Stärke, wenn wir tragen, wenn wir uns den Anforderungen gewachsen fühlen, ohne dies uns immer abverlangen zu müssen. Dabei kann der folgende Umstand eine gute Entlastung ermöglichen: Ein gutes Team ist Tragen und Getragenwerden in einem. Ein exzellentes Team lebt von der Unterschiedlichkeit seiner Mitglieder, die Ergänzung möglich macht. Und dennoch bleibt die Bildung eines Teams ein nie endender dynamischer Prozess, weil jeder Mensch, weil alles Leben Wandel und Wandlung erfährt oder auch selbst initiiert.

Weisheitstext / Meditation

Teil und Ganzes

Paulus greift den Gedanken, Einheit in Vielfalt zu gestalten, auf und zeigt im Brief an die Römer 12,3 ff. in seinem wunderbaren Bildtext vom Leib und seinen vielen Gliedern, wie dies auch wirklich gelingen kann:

„Denn kraft der mir verliehenen Gnade sage ich einem jeden unter euch: Sinnet nicht nach mehr, als zu sinnen recht ist, sinnet vielmehr darauf, besonnen zu sein nach dem Maß des Glaubens, wie Gott einem jeden zuteil werden ließ!

Wie wir nämlich an dem einen Leib viele Glieder haben, die Glieder aber nicht alle den gleichen Dienst verrichten, so sind wir als viele ein einziger Leib in Christus, im Einzelnen aber untereinander Glieder. Wir besitzen Gaben, die entsprechend der uns verliehenen Gnade verschieden sind: Hat einer Prophetengabe, so nach Maßgabe des Glaubens; hat einer ein Amt, der sei tätig im Amt; der Lehrende widme sich der Lehre; wer Prediger ist, der predige; wer gibt, der gebe in Einfalt, wer Vorsteher ist, habe Eifer; wer Barmherzigkeit übt, tue es mit Frohsinn.

Die Liebe sei ungeheuchelt. Verabscheut das Böse, hanget an dem Guten! Seid einander zugetan in brüderlicher Liebe, kommet einander mit Achtung zuvor; im Eifer nicht lässig, im Geiste glühend, dem Herrn dienend; in der Hoffnung fröhlich, in der Drangsal geduldig, im Beten beharrlich; um die Bedürfnisse der Heiligen besorgt, auf Gastfreundschaft bedacht!

Segnet eure Verfolger; segnet und fluchet nicht! Freut euch mit den Fröhlichen, weint mit den Weinenden! Seid eines Sinnes untereinander; trachtet nicht nach Hohem, sondern befasst euch mit dem Geringen! Seid nicht klug vor euch selbst. Vergeltet niemand Böses mit Bösem! Seid auf Gutes bedacht (nicht nur vor Gott, sondern auch) vor allen Menschen! Wenn möglich, haltet, soviel an euch liegt, Frieden mit allen Menschen! Rächt nicht selbst, Geliebte, sondern gebt Raum dem Zorngericht; es steht ja geschrieben: ‚Mein ist die Rache; ich will vergelten, spricht der Herr.‘ Sondern, wenn den Feind hungert, gib ihm zu essen; wenn er dürstet, gib ihm zu trinken; denn tust du das, wirst du feurige Kohlen sammeln auf sein Haupt: Lass dich nicht überwinden vom Bösen, sondern überwinde mit dem Guten das Böse!"

Paulus will aufzeigen, wie die rechte Einordnung Einzelner in ein Ganzes gelingen kann. Er beginnt damit, dass ein Grundsatz darin besteht, dass jede und jeder mit seiner *Gabe*, mit seinem *Charisma* einen ganz *bestimmten Auftrag*, eine ganz bestimmte Aufgabe zu erfüllen hat. Ein Team ist mehr als die Summe der Einzelnen. Jedem muss etwas zuteilwerden. Dies gelingt jedoch nur, wenn auch jeder beteiligt ist, sich als Teil eines Ganzen erlebt, sich selbst mit seinen Fähigkeiten und seiner Person einbringen kann. Mit welcher geometrischen Form würde ich ein exzellentes Team darstellen? Ist es eher eine Pyramide oder ein Kreis oder ...?

Leitung und Führung

Ein Team bildet sich. Es ist nicht einfach da. Teambildung ist stets ein prozesshaftes Geschehen. Ein solcher Prozess bedeutet sowohl zu lernen, sich hineinzugeben, als auch, sich herauszunehmen. Teambildung heißt eher, sich auszurichten, als sich einrichten. Ein Team fordert die Bereitschaft, Verantwortung zu übernehmen und Verantwortung zu teilen. Das heißt konkret: Nicht einer hat das Sagen, sondern jeder soll dazu beitragen, dass das Richtige gesagt und getan wird. Doch ebenso wichtig ist es, dass ein Team, es sei noch so gut, *Leitung und Führung braucht.* Jemand muss die Leitungsaufgabe übernehmen und am besten natürlich der, der die Gabe der Leitung auch wirklich hat. Denn eines ist sicher: Auch im besten Team wird es immer wieder die Erfahrung geben, dass etwas schiefgeht, nicht gelingt oder eine Entscheidung nicht im Konsens zu treffen ist. Wenn ein Team dann keinen Verantwortlichen hat, niemand Leitung und Führung wahrnimmt, besteht die große Gefahr, dass Unzufriedenheit und Aggressivität entstehen, die sich zuerst gegen die Schwächeren im Team wenden werden. Gerade in solchen Situationen ist es wichtig, dass jemand da ist, der bereit und fähig ist, die Aggressivität aufzunehmen, ja sie geradewegs auf sich zu lenken, um sie dann als positive Kraft einzusetzen.

Autorität

Eine solche Rolle der *Autorität* kann nur derjenige richtig verstehen und ausüben, der sie *als Gabe und Dienst* versteht. Er muss sich bewusst sein, dass er eine besondere Verantwortung für das *Wachstum* einer ganz bestimmten Gruppe übernommen hat. Dabei besteht die wesentliche Aufgabe darin, dem Einzelnen mit seinen je eigenen Fähigkeiten den rechten Platz und die richtige Aufgabe zuzuweisen. Noch besser ist es natürlich, den Einzelnen zu befähigen, diese selbst in sich zu entdecken. Ich verweise noch einmal kurz auf das eingangs erwähnte Märchen der Bremer Stadtmusikanten, wo auch jeder *seinen* Platz erhält.

Wenden wir die Aufmerksamkeit also noch einmal kurz auf die Gabe und Bedeutung recht verstandener Führung und Leitung, die dann erfolgreich gelingt, wenn sie die Balance von Vorgabe und Eigeninitiative fördert. Führung und Leitung lebten von Authentizität und Autorität. Das Wort „Autorität" kommt aus dem lateinischen „auctoritas", einem römischen Wertbegriff. Die beste Umschreibung ist „Würde", „Ansehen", „Einfluss". Überzeugend gelebte Autorität ist eine innewohnende Führungskompetenz, die Menschen Orientierung gibt und zum Eigenen ermutigt. Also bedeutet Autorität, sich wirklich und tatsächlich für das Wachsen des Einzelnen und des Teams mitverantwortlich zu fühlen. Autorität auszuüben bedeutet also „Wachstumsarbeit" zu leisten. Ich bin Gärtner, Wachstumsförderer, und das ist etwas anderes als jemand, der kontrolliert, zurechtweist oder nur Anweisungen gibt, die befolgt werden müssen.

Um dieser Aufgabe gerecht werden zu können, muss die Leitung Situationen beurteilen können und die Gabe besitzen, Menschen zu ermutigen. Führen mit Autorität bedeutet, die Kräfte zu bündeln und den Einzelnen zu motivieren, sich auf ein Ziel hin auszurichten und an der Erfüllung dieser Zielvorstellung mitzuwirken. Die Leitung muss dafür Sorge tragen, dass ein Team lebendig bleibt, also eine *Herzmitte* hat, die dadurch entsteht, dass sie von allen gebildet wird. Ein Team kann sich nicht selbst genügen. Leben erhält ein Team wesentlich von dem, was es als gemeinsames Ziel definiert und erreichen möchte. Ein gutes Team entsteht eben nicht schon dadurch, dass alle das Gleiche tun, sondern wächst und gedeiht, wenn *gemeinsam* Richtung und Ziel festgelegt, angestrebt und immer wieder überprüft werden.

Freiheit und Gemeinsamkeit in Balance

Ein gutes Team darf die *Sinndimension* nie aus den Augen verlieren, aus der die Kraft erwächst, auch bei schwierigen Konflikten gemeinsam nach Lösungswegen Ausschau zu halten. Immer dort, wo Menschen zueinander in Beziehung stehen, und dies gilt auch für Arbeitsbeziehungen, muss die Balance zwischen *individueller Freiheit* und *teamorientierter Gemeinsamkeit* besonders Beachtet werden. Leben allgemein und unser beruflicher Alltag im Besonderen stehen außer in der Spannung von Kontinuität und geschichtlichem Wandel gerade auch in der Grundspannung von individueller Freiheit und der gemeinsamen Festlegung von Verbindlichkeit. Ein wirklich gutes Team lebt stets aus der Mehrdimensionalität menschlichen Lebens und benötigt deswegen umso mehr einen verbindlichen Rahmen, um gemeinsame Ziele, zu denen jeder seinen eigenen und unverzichtbaren Teil beiträgt, zu realisieren.

Ausgangspunkt und Basis für ein gutes Team müssen daher sein:

- der Respekt vor der Würde und Einmaligkeit aller Teammitglieder
- die Bereitschaft aller Beteiligten, als gleichwertige Partner mitzuarbeiten
- das Vertrauen darauf, dass sich in einem offenen und vertrauensvollen Dialog, unter Einbeziehung der notwendigen Fachkompetenz, ein guter und gangbarer Weg finden lässt

Die Leitung muss dafür Sorge tragen, dass diese Grundregeln wahrgenommen werden und eine Aufmerksamkeit und Sensibilität für das Wirken des Geistes, für die Intuition als Chance gewahrt wird. Die hohe Kunst der richtigen Entscheidung bedeutet, das Richtige im richtigen Moment so zu tun, dass Wachstum des Einzelnen für die Gemeinschaft möglich wird.

Paulinisch inspirierte Anregungen für die Bildung und Zusammenarbeit eines erfolgreichen Teams:

- Richtet euch gegenseitig auf und erbaut einander
- Anerkennt einander
- Weist in Liebe zurecht
- Ermuntert die Schwachen
- Seht zu, dass keiner dem anderen Böses mit Bösem vergelte
- Betet ohne Unterlass
- Saget Dank bei allem
- Löscht den Geist nicht aus
- Verachtet nicht prophetische Rede

Zitate und Aphorismen

Ihr müsst die Menschen lieben, wenn ihr sie ändern wollt.
JOHANN HEINRICH PESTALOZZI

Jeder von uns hat in tiefem Dank derer zu gedenken,
die Flammen in uns entzündet haben.
ALBERT SCHWEITZER

Wenn Du willst, was Du noch nie gehabt hast,
dann tu, was Du noch nie getan hast.
NOSSRAT PESESCHKIAN

Alles ist möglich dem, der glaubt.
MK 9,23

Der größte Irrtum besteht darin, überhaupt nichts zu tun,
aus Angst, dass man irren könnte.
PEDRO ARRUPE

Wenn du dich unfrei fühlst, suche die Ursache in dir!
LEO TOLSTOI

Wo es an Menschen fehlt, die Verantwortung tragen können,
da übernimm du Verantwortung.
SPR 2,6

Wenn du liebst, was du tust, wirst du nie mehr arbeiten.
KONFUZIUS

Impulse zum Weiterdenken

Richtige Entscheidungen leben wesentlich davon, zu erkennen, wann *Mut zum Konsens* oder *Mut zum Dissens* erforderlich ist. Die abschließenden Fragen und Impulse wollen die Möglichkeit geben, noch einmal auf eine andere Weise der Frage, was exzellente Teams auszeichnet, nachzugehen.

Dabei möchten die sich anschließenden beiden kurzen Erzählbeispiele zum einen deutlich machen, wie wichtig es zum einen ist, seine Fähigkeiten zielorientiert einzusetzen, und wie unverzichtbar zum anderen das Vertrauen als eine wesentliche Grundhaltung ist, ohne welches letztlich „kein Fest stattfinden kann".

Das Fest kann nicht stattfinden

Das Fest

Irgendwo in Indien oder China sollte ein großes Fest stattfinden. Ein Hochzeitsfest. Aber das Brautpaar war sehr arm. Darum hatten sie auf die Einladungskärtchen geschrieben, jeder solle bitte eine Flasche Reiswein mitbringen und am Eingang in ein großes Fass schütten. So sollten alle zu einem frohen Fest beitragen.

Als alle versammelt waren, schöpften die Dienerinnen aus dem Fass. Und als sie zum Wohl des jungen Brautpaares anstoßen und trinken, da versteinern alle Gesichter: Denn jeder hatte nur Wasser im Glas.

Jetzt bereute wohl jeder seine Überlegung: „Ach, die eine Flasche Wasser, die ich hineingieße, wird niemand merken!" Aber leider hatten alle so gedacht. Alle wollten auf Kosten der anderen mitfeiern. Und so konnte das große, schöne Fest nicht stattfinden!

Der Blinde und der Lahme

Ein Blinder und ein Lahmer wurden von einem Waldbrand überrascht. Die beiden gerieten in Angst. Der Blinde floh gerade aufs Feuer zu. Der Lahme rief: „Flieh nicht dorthin!" Der Blinde fragte: „Wohin soll ich mich wenden?" Der Lahme: „Ich könnte dir den Weg vorwärts zeigen, so weit du wolltest, da ich aber lahm bin, so nimm mich auf deine Schultern, damit ich dir angebe, wo du den Schlangen, Dornen, dem Feuer und anderen Gefahren aus dem Weg gehen kannst, und damit ich dich glücklich in die Stadt weisen kann." Der Blinde richtete sich nach des Lahmen Worten, und so gelangten die beiden wohlbehalten in die Stadt.

Ohne Zweifel sind die Mitarbeiter neben vielen strukturellen Notwendigkeiten der Dreh- und Angelpunkt für jeglichen Erfolg eines Unternehmens. Sie bilden das große Erfolgspotential, das zu entdecken, zu fördern und einzufordern ist. Nur wirklich engagierte und in ihrer Kompetenz geforderte und geförderte Mitarbeiter können zu einem exzellenten Team werden. Exzellente Teams aber brauchen exzellente Führung, deren Aufgabe es ist, über ihr Kommunikationsverhalten die Verantwortlichkeit, Initiative und Kreativität der Mitarbeiter im wahrsten Sinne des Wortes zu „entfesseln" und zu vernetzen. Dazu nachfolgend einige Fragen zur persönlichen Reflexion.

Wer gut reden kann, dem hört man gerne zu, auch aktives Zuhören ist ein Führungsinstrument.

Welche Fähigkeiten helfen Ihnen besonders in Ihrem Führungsalltag und wo sehen Sie Ihre Lernpotentiale?

Gelingt es Ihnen, die Fähigkeiten Ihrer Mitarbeiter klar zu erkennen, und wie unterstützen und fördern Sie diese?

Erfolgreiche Teams brauchen Freiräume und klare Zielvorgaben.

Wie gelingt es Ihnen, diese beiden konträren Aspekte in ein kreatives und ergänzendes Zusammenspiel zu bringen?

Wo erleben oder verspüren Sie Sicherheiten oder Unsicherheiten in dem Team, das Sie verantwortlich zu führen haben?

Warum würden Sie gerne etwas ändern und worauf wäre dabei zu achten?

Wie kann dies gelingen?

Abschließend zu diesen Anfragen und Nachfragen möchte ich Sie ermutigen, einmal folgende Anregungen für sich selbst zu beantworten oder auch Ihrem Team zur Verfügung zu stellen. Laden Sie dazu ein, Deutungsaspekte und Bedeutungen zu ergänzen.

Team heißt immer auch ...
... begegnen und kennenlernen
... gestalten und begleiten
... entwickeln und fördern
... irrtum und Erfolg

Nachfolgend nun die Fragen, die mein „Team-Sein" noch einmal erhellen können:

Was oder/und wer trägt mich?
Was oder/und wer bewegt mich?
Was brennt oder will in mir brennen?

Was wollen diese Fragen und Anregungen zum Nachdenken noch einmal deutlich machen? Es geht darum, wahrzunehmen und aktiv darauf zu reagieren, dass ein exzellentes Team nicht einfach da ist oder nur abhängig ist von emotionalen Aspekten und Stimmungen. Ein erfolgreiches Team muss gebildet und entwickelt werden, wobei jedes Team sowohl sein Außen als auch sein Innen besitzt.

Teammanagement
Teil eines Ganzen sein

Ich bin nur mit anderen,
allein bin ich nichts.
KARL JASPERS

Zum Einstieg

Der Ruderwettbewerb

Wir werden es den Japanern schon zeigen – sagte sich eine namhafte Firma und verabredete einen jährlichen Ruderwettbewerb. Keine Angst – das ist natürlich frei erfunden, aber irgendwie doch sehr vertraut.

Vor langer Zeit verabredete eine deutsche Firma mit den Japanern, dass jedes Jahr ein Wettrudern mit einem Achter auf einem großen Fluss ausgetragen werden sollte. Beide Mannschaften trainierten lange und hart, um ihre höchste Leistungsfähigkeit zu erreichen. Als der Tag des Wettkampfs endlich da war, waren beide Teams topfit. Die Japaner gewannen mit einer Meile Vorsprung!

Nach dieser Niederlage war das deutsche Team sehr niedergeschlagen und die Moral auf einem Tiefpunkt. Das obere Management entschied, dass der Grund für diese vernichtende Niederlage unbedingt herausgefunden werden müsste. Ein Projektteam wurde eingesetzt, um das Problem zu untersuchen und geeignete Maßnahmen zu empfehlen.

Die Untersuchung ergab: Das Problem war, dass bei den Japanern acht Leute ruderten und ein Mann steuerte. Im deutschen Team ruderte ein Mann und acht Leute steuerten. Das obere Management engagierte sofort eine Beratungsfirma, um eine Studie über die Struktur des heimischen Teams anzufertigen. Nach Kosten in Millionenhöhe und einige Monate später kamen die Berater zu folgendem Ergebnis. Es steuerten zu viele Leute und es ruderten zu wenige!

Um eine Niederlage gegen die Japaner im nächsten Jahr zu vermeiden, wurde die Teamstruktur geändert. Es gab jetzt vier Steuerleute, einen Steuerungskoordinator und drei Steuerungsassistenten. Ein Leistungsbewertungssystem wurde eingeführt, um dem Mann, der das Boot rudern sollte, mehr Ansporn zu geben, sich noch mehr anzustrengen und ein echter Leistungsträger zu werden: „Wir müssen seinen Aufgabenbereich erweitern und ihm mehr Verantwortung geben. Damit sollte es gelingen."

Im nächsten Jahr gewannen die Japaner mit zwei Meilen Vorsprung!

Die deutsche Firma entließ den Ruderer wegen schlechter Leistung, verkaufte die Ruder, stoppte alle Investitionen in ein neues Gerät und die Entwicklung eines neuen Bootes. Der Beratungsfirma wurde eine lobende Anerkennung für ihre Arbeit ausgesprochen. Das eingesparte Geld wurde an das obere Management ausgeschüttet.

Und die Moral von der Geschichte?

(Quelle unbekannt, Text leicht verändert)

Team? Was ist ein gutes Team? Ein Team ist natürlich nicht durch das gekennzeichnet, was das scharfzüngige Anagramm „Toll, ein anderer macht's" ironisch suggeriert. Teams sind vielmehr eine Form der Gruppenarbeit, in der verschiedene Menschen mit unterschiedlichen Aufgaben über eine längere Zeit hinweg in engem Kontakt unter einer gemeinsamen Zielsetzung erfolgreich zusammenarbeiten sollen.

Wir-Gefühl Dabei ist die Zahl der Teammitglieder in der Regel überschaubar, die in einem Team kommunizieren und interagieren, so dass sich auch zahlenmäßig eines der wichtigsten und doch nur schwierig fassbaren Teammerkmale einstellen kann. Dieses Merkmal ist die Kohäsion des Teams, d. h. das Zusammengehörigkeitsgefühl der Teammitglieder, das auch als „Wir-Gefühl", „Wir-Bewusstsein" oder „Team-Geist" beschrieben werden kann, wobei klar sein sollte, dass sehr gute Teams keine „feelgood-teams" sind, dass also Wir-Gefühl nicht mit Harmoniezwang und Schmusekurs zu verwechseln ist.

Empathie-Netz Da Teams gewöhnlich formell entstandene und zweckhaft organisierte Arbeitsgruppen darstellen, ist der „Team-Geist" nicht auf spontane Sympathiewahl zurückzuführen. Er entsteht vielmehr aus bestimmten Haltungen und Einstellungen sowie einer professionellen Form der Zusammenarbeit. Ein Team ist kein Sympathiegefüge, sondern ein Empathiegefüge, keine Zuneigungsgemeinschaft, sondern ein *Empathienetz*, in dem jeder jedem grundsätzlich vertrauensvoll, aufgeschlossen, aufmerksam, wohlwollend und respektvoll entgegentritt, um durch Zusammenführung unterschiedlicher Persönlichkeiten und Kompetenzen vorgegebene Aufgaben und Leistungen gemeinsam zielgenau und erfolgreich zu bewältigen. Zur professionellen Zusammenarbeit in einem Team gehört dabei natürlich nicht nur die Beachtung der formellen Aufgabenteilung, Kompetenzstrukturen, Entscheidungs- und Informationswege etc., sondern auch die Pflege der psychosozialen und kommunikativen Faktoren.

Was steht in der Mitte eines Teams? Die Geschichte vom Ruderwettbewerb führt natürlich auch zu der Frage, was denn nun ein gutes Team ausmacht.

Wenn man hunderte von Teams untersuchen würde, Teams, die sehr gut miteinander arbeiten, was würde man wohl im Zentrum dieser Teams finden? Was sind die *essentials*, die ein Team erfolgreich machen? Was ist Herz und Mitte eines sehr guten, hoch erfolgreichen Teams?

Was steht in der *Mitte* eines Teams? Wir können, wenn wir es auf eine kurze Formel bringen wollen, sagen:

auf der *Sachebene*:
• gemeinsame Ziele, klare Aufgaben, Kompetenzen und Verantwortungen, gute Information und Kommunikation
auf der *Beziehungsebene*:
• Wir-Gefühl, Vertrauen und gegenseitige Unterstützung
auf der *Wertebene*:
• Fairness, Wertschätzung und Respekt

Man kann gut die bereits im Kapitel „Führen der eigenen Person" eingeführte Unterscheidung von „Management" und „Leadership" wiedererkennen. Denn ein gutes Team braucht für seinen Erfolg „harte" Faktoren, wie etwa klare Ziele oder Planung, und auch „weiche" Faktoren, wie zum Beispiel das „Wir-Gefühl" oder eine gute Konflikt- und Vertrauenskultur.

Team-Geist

Wir sollten allerdings bereits an dieser Stelle klar sagen, dass sich der Teamerfolg und dabei insbesondere das Wir-Gefühl nicht einfach und allein durch Sacherfolg oder durch gemeinsame Feiern oder Ausflüge gewinnen oder sichern lässt, so wichtig dies alles ist. Das Wir-Gefühl ist auch das Resultat von *ethischen und spirituellen* Komponenten. Wechselseitige Wertschätzung, Respekt und Anerkennung aller Teammitglieder gehören zu seinen wesentlichen Quellen ebenso wie die Akzeptanz von allen, dass jeder einen wichtigen Beitrag für das Team liefert. „*Team-Spirit*" weist auf den Team-Geist nach unserer Auffassung auch in der Weise hin, dass das Zusammenwirken im Team als eine sinn- und wertvolle Zusammenarbeit erlebt wird. Doch schauen wir zunächst noch einmal zurück auf die Aufgaben im Teammanagement.

Teammanagement-Aufgaben

Eben haben wir überlegt, was ein Team erfolgreich macht. Wir können die Erfolgsfaktoren auch in einige Fragen umformen, die uns die Aufgaben des Teammanagements klarmachen.

Grundsätzlich ist für Teams die Beantwortung von vier Aspekten oder Fragen wichtig, hinter denen sich bestimmte Problemlandschaften verbergen:

• Was ist unsere *Aufgabe*? (Genaue Bestimmung der Ziele, Kosten, Qualitätsanforderungen, Zeitmanagement, strukturelle Einbindung in das Unternehmen etc.)

- Wie sollen wir uns *organisieren*? (Sind die richtigen Leute im Team? Ist das Team gut und ausgewogen zusammengesetzt? Sind die Aufgaben, Rollen und Kompetenzen klar verteilt und geregelt? etc.)
- Welche *Störfaktoren* (hard und soft facts) gibt es? (Gibt es Sachkonflikte, Rollenkonflikte, Qualitätsprobleme, Informationsmängel, Entscheidungsdefizite? Fehlt Konfliktfähigkeit, Team-Geist, liegen negative Konkurrenz, Kommunikationskonflikte oder andere Beziehungsstörungen vor? etc.)
- Über welche *Lösungsmöglichkeiten* verfügen wir? (Verfügt das Team über einen „Methodenkoffer", um Probleme angemessen bearbeiten zu können?)

Vier-Fragen-Probe

Wir können diese vier Aspekte auch in eine Vier-Fragen-Probe umformen, die von allen im Team gemeinsam beantwortet und bearbeitet werden sollte:

1. Was genau ist unsere *Aufgabe* und unser *Ziel*?!
2. Wie sollten wir uns zur Erfüllung unserer Aufgabe *schlagfertig* und *flexibel organisieren*?!
3. Welche potentiellen *Störfaktoren* (*hard* & *soft*) gibt es für uns?!
4. Besitzen wir eine entsprechende *Lösungskompetenz*?!

Team-Uhr

Ein weiteres nützliches Hilfsmittel für das Verständnis von Teamprozessen ist die *Team-Uhr*. Die Team-Uhr beschreibt typische Phasen bei der Teambildung bzw. im Lebenszyklus eines Teams (nach *Francis&Young* bzw. *Blanchard/Carew/Parisi-Carew*):

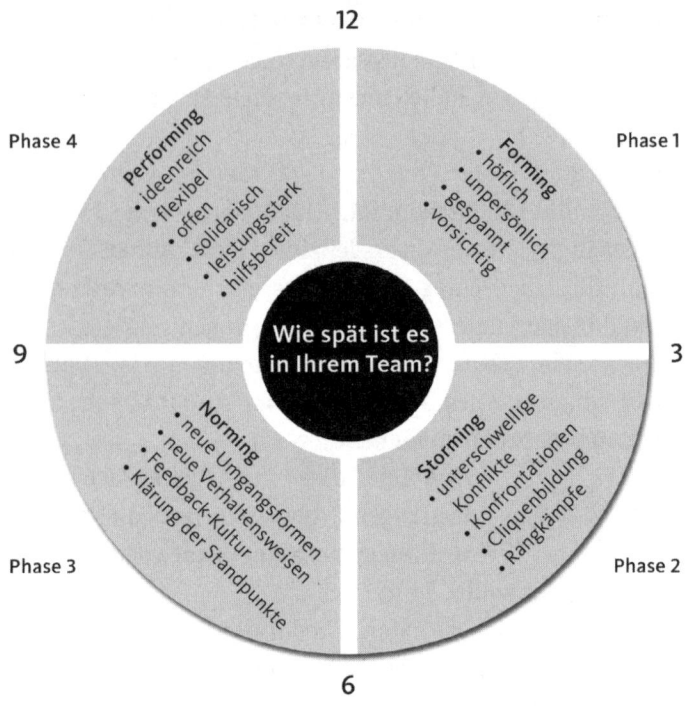

12

Phase 4

Performing
- ideenreich
- flexibel
- offen
- solidarisch
- leistungsstark
- hilfsbereit

Phase 1

Forming
- höflich
- unpersönlich
- gespannt
- vorsichtig

9

Wie spät ist es in Ihrem Team?

3

Norming
- neue Umgangsformen
- neue Verhaltensweisen
- Feedback-Kultur
- Klärung der Standpunkte

Phase 3

Storming
- unterschwellige Konflikte
- Konfrontationen
- Cliquenbildung
- Rangkämpfe

Phase 2

6

| Phasen | Die vier Phasen der Team-Uhr können auf folgende Weise charakterisiert werden: |

Forming: Orientierungs- oder Testphase, in der sich die Teammitglieder zum ersten Mal oder wieder neu begegnen und sich in der Regel noch vorsichtig, abwartend, gespannt, höflich und unpersönlich verhalten. Die Teambeziehung ist eher angepasst, die Aufgabenreife improvisierend.

Storming: (Nah-)Kampfphase, in der Terrains und Reviere abgesteckt und Cliquen und Clans gebildet werden, Konfrontationen aufbrechen oder unterschwellige Konflikte lauern; der Arbeitsprozess ist teilweise recht mühsam, der Arbeitsertrag nicht sehr hoch.

Norming: Organisierungsphase, in der sich das Team klare Spielregeln gibt, neue, offene Umgangsformen und konstruktive Verhaltensweisen entwickelt, Standpunkte, Ziele und Wege klärt, funktionierende Feedbackmechanismen einrichtet: Der Weg zur Produktivität wird frei. Die Teambeziehung ist durch Geschlossenheit und Abgrenzung charakterisiert, die Aufgabenreife äußert sich in Strategiefindung und Positionierung.

Performing: Integrations- und Arbeitsphase, in der das Team als „high performance team" in offener Kommunikation, konstruktiver Kritik und gegenseitiger Unterstützung solidarisch, vertrauensvoll, ideenreich, flexibel, leistungsstark und hilfsbereit seine Aufgaben erledigt, Leistung erbringt und seine Ziele anstrebt. Die Teambeziehung hat einen unabhängigen und offenen Status erreicht, die Aufgabenreife ist durch Selbstverpflichtung und Engagement geprägt.

Teams durchlaufen den Zyklus *nicht ein für alle Mal*, sondern können durch sachliche oder personelle Umstände wieder in frühere „Uhrzeiten" zurückfallen. Als die *„gefährlichste Uhrzeit"* ist sechs Uhr auszumachen: Oft pendeln oder oszillieren Teams zwischen Konfliktsituationen und der Suche nach dauerhaften Lösungen hin und her. Hier ist die Entwicklung von *Team-Spielregeln* von größter Bedeutung.

Team-Zusammensetzung

Schauen wir uns noch einen weiteren wichtigen Aspekt an. Teams müssen *ausgewogen zusammengesetzt* sein. Eine ausgewogene Zusammensetzung kann unter drei verschiedenen Gesichtspunkten betrachtet werden, die sich allerdings überschneiden und miteinander verbunden sind.

Aufgaben und Kompetenzen

Der erste Aspekt orientiert sich an der *Aufgabenstellung* des Teams. Die Teammitglieder müssen so zusammengestellt werden, dass die definierte Zielsetzung und die mit ihr verknüpfte Aufgabenerledigung und Leistungserbringung erfolgreich erreicht werden kann. Der Schwerpunkt der Aufgabenorientierung für die Zusammensetzung eines Teams liegt in diesem Fall vor allem auf der Wahl von Teammitgliedern nach ihrer *Qualifikation*, *Kompetenz* und *Motivation*.

Rollen

Der zweite Aspekt zielt auf die *Teamrollen*, die typischerweise in einem Team zu finden sind. Diese Teamrollen beziehen sich sowohl auf die Aufgaben und Arbeitsfunktionen (wie: Beraten, Innovieren, Überwachen, Entwickeln, Organisieren, Koordinieren) als auch auf die Beziehungen, die Kommunikation und Interaktion zwischen den Teammitgliedern. Zu diesen Rollen zählen zum Beispiel die der „*Kreativen*", die Ideen schmieden, der „*Inspiratoren*" und „*Promoter*", die die Ideen vorantreiben, dafür werben, Begeisterung erzeugen und Ideenaustausch sicherstellen, der „*Macher*", die für die Durchsetzung und Umsetzung der Ideen sorgen, der „*Organisatoren*", „*Koordinatoren*" und „*Planer*", die für die notwendigen Ressourcen, einen stimmigen Ablauf und ein gezieltes Controlling sorgen etc.

Persönlichkeit

Der dritte Aspekt schaut auf die *Persönlichkeitstypen*. Auch im Blick auf die unterschiedlichen Naturelle, Temperamente, natürlichen Verhaltens- und Einstellungspräferenzen sowie

Kommunikationsstile sollte ein Team möglichst vielseitig und vielfältig, *„bunt"* und ausgewogen besetzt sein. Zugleich werden die persönlichkeitsspezifischen Potentiale wiederum ihren Niederschlag in der Wahl der Teamrollen und ebenso der bevorzugten Aufgabenwelt finden.

Weisheitstext

Die Geschichte von den zwei Fahnen

Die zwei Fahnen

Ein Team von Bergsteigern war schon wochenlang auf großer Tour im Himalayagebirge. Viele Höhenmeter waren bereits erklommen, ein Basislager und zwei Zwischenlager angelegt, in denen jeweils Teile des Teams zurückblieben. Vom letzten Lager aus starteten schließlich drei Mann auf den Weg zum Gipfel. Nach etwa zwei Stunden verletzte sich ein Mannschaftsmitglied leicht und wurde dadurch zur Umkehr gezwungen. Denn auch eine leichte Verletzung ist in höchsten Höhen eine schwere Gefahr. So wurde der Verletzte erst einmal notdürftig versorgt. Die Entscheidung fiel den drei Bergsteigern nicht leicht, aber sie einigten sich am Ende darauf, dass nur einer den Weg zum Gipfel nehmen sollte, während der andere mit dem verletzten Kameraden zum Lager zurückkehren wollte.

Während nun zwei zurückmarschierten, stieg einer weiter auf. Drei Stunden später war es so weit. Der Gipfel war zum Greifen nahe. Noch eine halbe Stunde Mühsal und dann euphorisches Glück am Ziel. Ganz allein genoss der Mann den Triumph und die großartige Sicht auf das umliegende Panorama grandioser Achttausender. Da es bereits Zeit wurde, sich auf den Rückweg zu machen, entschloss sich der Gipfelstürmer dazu, eine Fahne einzuschlagen.

Er griff in eine Tasche und zog eine Fahne hervor. Er schaute sie an und las, was auf ihr stand: *Ich*. Einen Moment zögerte er. Dann steckte er sie weg und nahm energisch eine andere hervor. Auf ihr stand: *Wir.* Ohne die anderen hätte ich es niemals geschafft, dachte er bei sich. Darum kann die einzige Fahne, die ich auf dem Gipfel lasse, auch wenn ich die letzte Strecke alleine unterwegs war, nur die Wir-Fahne sein.

Meditation

2 + 2 = 4! Nein, das ist nicht die Wahrheit des Teams. Team bedeutet ja nicht: Toll, ein anderer macht's, sondern: Teil eines auf-/ anregenden Miteinanders. Die Wahrheit eines guten Teams ist: 2 + 2 = 5. *Synergie.* Das Ganze ist *mehr* als seine Teile. Jede Sportmannschaft zeigt das. Jedes Orchester lässt uns das hören. Jeder Leib im Zusammenspiel seiner Glieder, seiner Organe, seiner Teile lässt uns das spüren. Ein „team of stars" ist noch lange kein „star team".

Damit das Ganze mehr ist als die Summe seiner Teile, entsteht ein sonderbares Paradox. Jedes Teil muss seine Ich-Fahne stecken lassen und die Wir-Fahne herausziehen. Einerseits entsteht das „*Mehr*" des Teams durch *Zurücknahme*, andererseits durch *Hingabe.* Ich muss mein Ego (ein wenig mehr als sonst) zurücknehmen. Ich muss mich dezentrieren. Zentrum bin nicht mehr ich, sondern der Leib, der Organismus, die Mannschaft, das Orchester, das Team, das Ganze. In dieser Hinsicht, im Blick auf das Ego, muss ich mich „opfern", unwichtig sein. Andererseits bin ich gefordert mit meiner besonderen Begabung, die ich in den Dienst des Teams, in den *Dienst des Ganzen* stelle. *Ich engagiere mich für das Wir.* Paradox ist dabei auch der Effekt: Wenn ich nicht mein Instrument in die Mitte stelle und die anderen dominieren will, sondern mit den anderen musiziere, entsteht ein Werk, in dem ich mitfließen kann, das zu mir zurückkehrt und mich erfüllt und beglückt. Wer stirbt, wird leben.

Vielleicht bewahrheitet sich auch hier im Team der Gedanke M. Bubers, dass der Mensch am Du zum Ich wird. Im „Wir" verbinden sich die Einzelnen zum eigenen Menschsein bzw. durchschauen die Illusion, ohne den anderen wahrer Mensch sein zu können. Menschsein und Selbstsein sind zwei Seiten ein und derselben Medaille. Menschsein heißt *Mit-Sein*, heißt Mensch unter Menschen sein: inter homines esse. Der Mensch wird erst ganz Mensch in der Begegnung mit dem Mitmenschen.

Zitate und Aphorismen

Einer mag überwältigt werden, aber zwei können widerstehen,
und eine dreifache Schnur reißt nicht leicht entzwei.
KOHELET 4,12

Zusammenkunft ist ein Anfang, Zusammenhalt ist
ein Fortschritt, Zusammenarbeit ist der Erfolg.
HENRY FORD

Die Menschen, denen wir eine Stütze sind,
die geben uns einen Halt im Leben.
MARIE VON EBNER-ESCHENBACH

Mit sich beginnen, aber nicht bei sich enden,
bei sich anfangen, aber sich nicht selbst zum Ziel haben.
MARTIN BUBER

Immer strebe zum Ganzen, und kannst du selber kein Ganzes
werden, als dienendes Glied schließ an ein Ganzes dich an.
FRIEDRICH SCHILLER

Ich bin nur mit anderen, allein bin ich nichts.
KARL JASPERS

Einer trage des anderen Last.
GALATER 6,2

Sei allezeit ein anhebender Mensch.
MEISTER ECKHART

Organisationsmanagement

Die wichtigste Fähigkeit ist die,
welche alle anderen ordnet.
BLAISE PASCAL

Organisationsmanagement
Organisationen verändern

Das höchste Maß der Bildung besteht darin,
in ein altes Gefüge das notwendig Neue einzufügen.
Benno Reifenberg

Zum Einstieg

Die gesamte Geschichte der Menschheit ist immer auch eine Geschichte der Veränderer gegen die Bewahrer. Von jeher geht es auch im Unternehmen um das Spannungsfeld von Bewährtem und Neuem, muss das Zusammenspiel von Fortschritt und Tradition in sinnvoller Ergänzung gestaltet werden. Sicherlich gab es noch nie so viele Unternehmen und Dienstleister wie heute. Es geht nicht nur mehr darum, Neues zu entwickeln, ob dies nun Produkte oder Dienstleistungen sind, sondern immer stärker auch darum, wie wir diese noch effizienter, schneller, besser und letztlich kostengünstiger anbieten können. Um in diesem Prozess und dem Druck dieser Entwicklung bestehen zu können und nicht aus dem Markt herausgedrängt, ja sogar in meinem ganzen Sein erdrückt zu werden, muss ich dem Wandel mit all meiner Dynamik, Kreativität und auch der notwendigen Gelassenheit in die Augen sehen.

Entwicklung und Fortschritt, wenn sie wirklich positiv gelingen sollen, erfordern nicht nur ein Höchstmaß an Wissen und Kompetenz, sondern vor allem *schöpferische Kraft*. Es gilt, Wesentliches und Notwendiges zu erkennen, damit Wandel und Veränderung nicht nur unterhalb der „Widerstandswelle" geschehen. Diese „elegante Form" der Umgestaltung und Erneuerung unterhalb der Widerstandswelle mag zwar den Anschein erwecken und beruhigen, da wir ja etwas tun, reicht jedoch in den Situationen, die einen umfassenderen Wandel erforderlich machen, nicht aus.

Von jeher geht es in Politik, Gesellschaft und auch der Kirche um das Spannungsfeld von Bewährtem und Neuem, Fortschritt und Tradition. Die Aufgabe von *Tradition* ist es, wirklich Bewährtes so zu sichern, dass ein notwendiger *Fortschritt* nicht zum Fortriss wird, also der Boden unter den Füßen verlorengeht. Wir Menschen brauchen Tradition und Kultur, bewährte Grundhaltungen und Werte, denn alles Leben entwickelt sich immer aus Bestehendem.

Das eingangs angeführte Zitat macht deutlich, welch hohe Anforderung Veränderungs- und Erneuerungsprozesse an das Management stellen. Bei solchen Prozessen geht es eben nicht nur um einen Wechsel auf der Sachebene oder den Austausch von bestimmten Produkten. Organisations- und Entwicklungsprozesse leben vielmehr wesentlich von der Bildungsfähigkeit und Veränderungsbereitschaft der Menschen. Was auf einem solchen Weg hilfreich sein und wo dabei auch die spirituelle Dimension fördernd eingebracht werden kann, dazu wollen die Gedanken und Überlegungen dieses Kapitels einen Beitrag leisten.

(Management-)Reflexionen

Die Welt ist nicht heil – aber heilbar.
VIKTOR FRANKL

Wirkliches Lernen und Fortschritt sind nur möglich, wenn für alle Beteiligten sichtbar und erlebbar Altes durch Neues ersetzt wird.

Reflexion und Analyse

Der richtige Weg dazu ist in einem ersten Schritt die selbstkritische *Reflexion und Analyse des Bisherigen.* In einem zweiten Schritt müssen diese dann in eine Reorganisation übergeleitet werden, die von jedem neben klaren Vorgaben auch *Selbstverantwortung* einfordert. Dabei ist gerade auch auf die Regelung von Detailproblemen besonders Wert zu legen, weil dadurch Glaubwürdigkeit geschaffen wird, dass die Verantwortlichen es ernst meinen mit dem Vorsatz der Neuausrichtung und Neuorganisation. Ein weiteres wichtiges Moment ist es, möglichst frühzeitig konkrete *positive Erfahrungen* zu vermitteln, weil diese Motivation und Engagement freisetzen. Veränderungen von Organisationen entwickeln sich dann gut, dies ist immer wieder zu beobachten, wenn es gelingt, die Selbstverantwortung zu stärken.

Für Problemlösungen ist es darüber hinaus hilfreich, *vom Einfachen aus,* also von der je eigenen konkreten Arbeitssituation ausgehend, ins Komplexe einer Organisation überzugehen.

Dies alles sind wichtige Aspekte, die jedoch auf der Grundhaltung basieren, dass ich den Menschen in seiner *Würde* und seinem *Wert* anerkenne. Gute Führungsarbeit beschränkt sich nicht darauf, den Menschen als solchen anzuerkennen, sondern bietet ihm Hilfen dazu an, immer mehr der zu werden, der er sein kann und von Gott her sein soll. Eine gute Organisation bietet immer auch die Möglichkeit, dass der Einzelne sich in seinem Denken, Fühlen, Wollen und Handeln möglichst *eigenverantwortlich entwickeln* und dadurch auch die Organisation in der Veränderung ihrer eigenen Lebensphasen voranbringen kann.

Fortschritt oder Fortriss Wir erleben seit einigen Jahren eine größere Verunsicherung und wachsende Orientierungssuche. Dies wird u. a. dadurch ausgelöst, dass bislang tragende und richtungweisende Orientierungen und Werte zunehmend einem auf Modernisierung hin ausgerichtete Veränderungsprozess unterliegen. Ein weiterer Grund liegt wohl auch darin, dass häufig nicht geklärt ist, was unter dem allgemeinen Begriff der Modernisierung selbst zu verstehen ist. Doch ist unbestritten, dass solche Entwicklungen für wirtschaftliche Unternehmen, aber auch für Kirche und Gesellschaft insgesamt eine große Bedeutung haben und in allen Systemen auf allen Ebenen ihre Wirkung zeigen. Oft ist aber für den Einzelnen nicht klar zu erkennen, wann der *Fortschritt* im positiven Sinne aufhört und ein *Fortriss* ohne aktive Einflussnahme beginnt. In einem solchen Spannungsfeld zu leben, führt zu dem Eindruck, dass sich, wenn nicht alles, dann doch vieles in einer Phase des Übergangs befindet.

Eine solche Phase des Übergangs geht einher mit der Erfahrung des Verlustes einer Orientierung, die Sicherheit gibt. Solange die Neuorientierung noch nicht da ist, werden die Menschen auf sich selbst zurückgeworfen, weil die Möglichkeit, auf bisher bestehende Orientierungsmuster zurückgreifen zu können, stark eingeschränkt ist. Unsere Zeit steht in einem Prozess zunehmender Modernisierung, was immer dies auch im Einzelnen beinhalten mag. Was heute noch gilt, soll morgen schon Neuem weichen. Dieser umfassende Veränderungsprozess berührt alle gesellschaftlichen Bereiche und hat Auswirkung auf die

- *gesamtgesellschaftliche Ebene*: Pluralisierung der Wertvorstellungen
- *institutionelle Ebene*: Bürokratisierung der Verwaltung und Professionalisierung des Berufslebens
- *individuelle Ebene*: Individualisierung, d. h., vieles, was früher vorgegeben war, muss heute immer wieder selbst entschieden werden

Victor Turner spricht in diesem Zusammenhang von drei unterschiedlichen *Übergangsriten*.
1. Destrukturierung (Orientierungsverlust)
2. Schwellenphase (Nicht-Mehr und Noch-Nicht)
3. Restrukturierung (Neuorientierung)

Loslassen und Neuwerden Jeder umfassendere Veränderungsprozess wird von diesen Phasen und Prägezeiten mitbestimmt. Hierbei ist zu beachten, dass ein Wechsel oder das Durchleben einer dieser Phasen in ein und demselben Prozess mehrfach geschehen kann. Menschen, die sich auf einem solchen Weg der Veränderung befinden, brauchen *Freiräume*, in denen sie die *neue Gestalt ihrer Identität* finden können. Gerade in solchen Zeiten des *Neuwerdens* brauchen sie des Weiteren *Hilfen* und die sensible *Begleitung* durch erfahrene Menschen.

Krise und Chance

Wandel und Veränderung lebten auch von der *Krise*, weil echte Krisen den Blick auf das *Wesentliche* lenken und helfen, die Kräfte zu konzentrieren. Krisen können dann zu Chancen werden, wenn sie nicht (nur) Ängste auslösen oder zur Bedrohung werden. Solche Reaktionen lähmen nämlich und nehmen die Kraft zu konstruktivem Umgang. In den letzten Jahren hat sich immer stärker der Zielgedanke der „*Lernenden Organisation*" oder umfassender des „*Lernenden Unternehmens*" etabliert. Gesagt ist jedoch noch längst nicht verstanden und verstanden ist noch längst nicht getan.

Lernende Systeme

Was ist nun eine lernende Organisation, oder besser gesagt, wie können Unternehmen zu lernenden Systemen werden? Lernende Systeme wissen um das *Potential* all derjenigen, die in ihnen tätig sind. Es sind Orte, an denen *Orientierung* und *Ermutigung* ausgesprochen werden und Tun und Sein durchwirken. Organisationen und Unternehmen sind dann lernend, wenn das Entwicklungspotential als Wachstumschance wahrgenommen und verantwortlich genutzt wird.

Dazu einige weitere Kriterien und Grundhaltungen. Gemeinsam miteinander *lernend unterwegs* sein fordert von allen Beteiligten,

- sich neues Wissen anzueignen
- die Kompetenzen zu erweitern
- die grundsätzliche Bereitschaft, lernen zu wollen
- sich Neues anzueignen und bisher Vertrautes loszulassen
- Verantwortung für das eigene Tun zu übernehmen
- die Fähigkeit zu Selbststeuerung und Selbstorganisation

Damit diese hohen Anforderungen nicht zur Überforderung anwachsen, müssen Organisationen „Orte" anbieten und *„Werte"* verinnerlichen, die *Verlässlichkeit* schenken. Unbestritten ist, dies zeigt die Geschichte jeder Organisation, dass Veränderungen immer das Ziel Wachstum anstreben und die Zukunft sichern wollen. Dabei muss ich als Verantwortlicher jedoch darauf achten, dass ich die Personenmitte, den Menschen, in seinem Sein nicht instrumentalisiere und funktionalisiere. Der Mensch selbst darf nie pures Mittel zum Zweck werden, sondern er muss ebenfalls und sinnhaft *mitwachsen* können. Lernende Systeme sind nie ausschließlich sachorientiert, sondern wertschätzen die Dimension der Beziehung.

So wie der Mensch unterschiedliche Lebens- und Seinsphasen durchlebt, so steht auch jede Organisation in einer vergleichbaren Dynamik und Spannung des Wandels. Was für uns Menschen gilt, hat ähnliche Bedeutung für jede Organisation. Wandel, Veränderung und Lernen sind immer ein prozessgesteuertes Geschehen. Immer geschieht dies im Zusammenspiel von „plan – do – check" und ist nie bloße Befolgung von Vorgaben.

Die Bedeutung eines *sinngebenden* Planens, Tuns, Reflektierens und Kontrollierens soll die folgende kurze Übersicht noch einmal mit einigen Begriffen und Zuordnungen aufzeigen.

Management und lernende Organisation bedeuten:

- Ergebnisse, das heißt: für Ziele sorgen
- das Ganze sehen, das heißt: organisieren
- Konzentration, das heißt: entscheiden
- Ermutigung, das heißt: Menschen fördern
- Vertrauen, das heißt: Prozesse kontrollieren

Würde und Maß

Auch in dieser angedeuteten Vielfalt wichtiger Blickrichtungen und Dimensionen von Veränderungsprozessen wird deutlich, dass eine lernende Organisation bzw. ein lernendes System den Menschen gerade in seiner Würde ernst nimmt. Die dem menschlichen Leben innewohnende Größe, die da ist, weil sie Geschenk und nicht Verdienst ist, muss die wichtigste Werteausrichtung im Unternehmen bleiben, egal ob es sich dabei um soziale oder rein wirtschaftlich ausgerichtete Unternehmen handelt.

Der Mensch hat Würde und Wert, ganz unabhängig von seiner Leistungsfähigkeit oder auch Leistungsbereitschaft. Zur Würde des Menschen und zum Sinn des Lebens gehören auch das persönliche Recht auf Arbeit und die Erfüllung in der Arbeit. Doch auch hier gilt es, das *rechte Maß* zu finden und zu halten, denn Sinnfindung trägt erst dann durch die verschiedenen Lebens- und Entwicklungsphasen, wenn sie nicht einseitige, sondern vielseitige Erfahrung ist. *Sinnfindung* geschieht immer *mehrdimensional*, darf also den Blick nicht nur auf Leistung oder den Austausch von Leistungen richten.

Gerade die Tradition des Christentums, das „Ora et labora" (bete und arbeite) der Mönchsorden, ist eine bleibende Erinnerung und Aufforderung zum rechten Maßhalten. Gleichmaß und Gleichmut, Engagement und Gelassenheit sind sowohl Grundlage als auch Frucht für ein sinnerfülltes Arbeiten und werden auch die Prozesse einer lernenden Organisation unterstützen.

Vertrauen und Zutrauen

Eine weitere wichtige Voraussetzung für ein fruchtbares Wachstum sind *Vertrauen* und *Zutrauen*. Sie bilden die Gegenpole gegenüber jeglicher Form von Angst und Zweifel. *Angst* macht unflexibel und lässt uns vor Veränderungen zurückschrecken. Angst macht einsam. *Gefühle* werden abgewehrt und unterdrückt, obwohl sie zentrale Bedeutung für das Gelingen umfassender Veränderungsprozesse haben. Soziale Kompetenz und Beziehungsfähigkeit, wesentliche Grundlagen auch für beruflichen Erfolg und persönliche Leistungsfähigkeit, können in einem angstbestimmten Umfeld nicht entwickelt werden. Angst, dies kennt wohl jeder aus eigenem Erleben, lähmt und untergräbt das Selbstbewusstsein, gefährdet die physische und psychische Gesundheit, erstickt die Neugierde, positive Reaktionen und kreative Aktivitäten.

Grundsätzlich gilt, wer einlädt, neue Wege mitzugehen und dabei verlangt, Neuland zu betreten, sollte dafür Sorge tragen,

- dass Ängste wahrgenommen und angemessen begleitet werden
- dass seine Einladung glaubwürdig ist
- dass seine Ziele klar und deutlich benannt sind
- dass sie verstanden werden und wirklich „ankommen"
- dass ein guter Einstieg möglich ist
- dass Vorfreude, Interesse und Neugier geweckt werden

Von der Komplexität zur Einfachheit

Unbestritten sind Organisationen oft sehr *komplexe* Gebilde, die meist nur auf den Führungsebenen umfassend erkannt werden. Die Komplexität einer Organisation darf jedoch bei allen Veränderungsprozessen einen möglichen Weg zu mehr *Einfachheit* und *Durchschaubarkeit* nicht verhindern. Jede Führung muss sensibel darauf achten, dass die Unübersehbarkeit und das Undurchschaubare nicht zu Überforderung führen und Widerstände der Mitarbeiter verstärken, weil sich Sinnhaftigkeit und Transparenz nicht erschließen. Jeder Schritt zu mehr Einfachheit ist jedoch nur mit einem bestimmten Maß an organisatorischer Gestaltung möglich. Solche Gestaltungselemente und Führungsgrundsätze beinhalten:

- die Förderung von Autonomie und Eigenverantwortung
- die Bereitschaft und Fähigkeit klarer Delegation
- den Aufbau dezentraler Strukturen
- ein bestimmtes Maß an Kontrolle
- die Konzentration auf das Ziel und auf die zielorientierte Umsetzung
- Verlässlichkeit in der Kommunikation

Wie bereits erwähnt, können Veränderungsprozesse nur in einem Klima des Vertrauens gelingen. Auch der Weg der Vereinfachung setzt Vertrauen sowohl voraus als auch frei. Echtes Vertrauen nämlich setzt positive Kräfte frei, weil Verhaltensweisen grundsätzlich ihren Ursprung in kommunizierbaren Wertüberzeugungen haben. Erst durch wirklich gute Kommunikation, die Transparenz schafft, Sinn und Ziel vermittelt, wird Verhalten nachvollziehbar und vertrauensvolle Gefährtenschaft möglich.

Führen durch *Symbole* und *symbolisches Handeln* – hier möchte ich auf das vorherige Kapitel verweisen – wird dann zum Gütezeichen qualifizierter Führungsarbeit, wenn sie dem Menschen Ziel und Sinnqualität vermittelt. Wichtige Führungsaufgabe ist es also, den Blick für das Wesentliche zu fördern. Es geht eben nicht darum, möglichst perfekt zu sein. Überzeichneter Perfektionismus ist häufig Ursache von Angst und fehlendem Mut, verleitet zu Flucht und Nichtstun aus Sorge, zu versagen. Führungsaufgabe ist es jedoch nicht, das Unterlassen, sondern das Tun zu fördern und zu unterstützen. Den Gedanken, dass Leben, und dies gilt auch für das Leben eines Unternehmens, immer *eine Reise zum Wesentlichen ist*, lässt *Antoine de Saint-Exupéry* in dem einprägsamen Wort anklingen:

Neuwerden ist eine geistige Aufgabe

„Vollkommenheit entsteht nicht dann, wenn man nichts mehr hinzufügen kann, sondern, wenn man nichts mehr wegnehmen kann." Eine solche Reise des „*Neuwerdens* und des Anderstuns" ist höchste geistige Anforderung und lebt vom Zusammenspiel vieler Kräfte und Geistesgaben. So besteht eine weitere Aufgabe von Führung darin, das Gleichgewicht zwischen Wandel und Beständigkeit nicht aus dem Auge zu verlieren, damit die Sogkraft des Neuen nicht den Boden unter den Füßen schwinden lässt. Immer dann, wenn bisher Gewohntes und Tragendes schwindet oder umgestaltet wird, muss die Qualität der Kommunikation noch einmal verbessert werden, damit das innerlich wirklich nachvollzogen und mitgetragen werden kann, was gefordert wird. Das rechtzeitige Loslassen, damit Neues werden kann, erfordert den Blick für das rechte Maß. Denn nicht alles, jedes oder jeder ist zu verändern, ist zur Veränderung bereit und fähig. Wenn Menschen das verlieren oder loslassen müssen, was ihnen bisher Selbststand und Sicherheit, innere und äußere Verortung gegeben hat, dann dürfen Zeiten des Wandels, in denen ich diese „Ortlosigkeit" als Verlust oder Herausforderung erlebe, nicht wortlos vollzogen werden.

Eine Befragung von fast 2000 Führungskräften verschiedener Branchen hat vor einigen Jahren entscheidende „Fehl-Schwerpunkte" aufgezeigt. Spitzenreiter dieser Schwachstellenbefragung waren das Fehlen eines konstruktiven Feedbacks und der Bereitschaft, sich Konflikten offen und klar zu stellen.

Als Nächstes benennt diese Schwachstellenskala die Versuchung, Entscheidungen aufzuschieben und Mitarbeiter zu unterfordern und weist dann darauf hin, dass keine angemessene, ausreichende Verantwortung zu übertragen, auch als Mangel wahrgenommen wird. Letztlich geht es bei all diesen Aspekten immer wieder auch um das Thema Zeit. In der Konsequenz bedeutet dies „Alles hat seine Zeit", und so braucht eben in diesem Kontext gute Führungsarbeit auch eine angemessene Zeit für die Mitarbeiter.

Veränderung und Wandel haben immer die Zukunft im Blick und wollen letztlich das Hineinwachsen in das Mehr des Morgen. Je klarer und deutlicher ich mir als Führungskraft meiner Identität bewusst bin, desto eher sind Erneuerungs- und Veränderungsprozesse positiv und offen zu gestalten. Die Bereitschaft zum Risiko ist die Frucht einer lebendigen, lernenden Organisation, nicht weil sie die Gefahren übersieht, sondern weil sie die Grenze als Ort der Entwicklung erkennt und dort mit aller Kraft Neues wagt.

Weisheitstext

**Die Kunst
der kleinen Schritte**

Folgende „Weggedanken" sind ein Gebet; sie stammen aus *Antoine de Saint-Exupérys* „Die Stadt in der Wüste". In ihnen wird die Kunst der kleinen Schritte gelehrt.

Herr, lehre mich die Kunst der kleinen Schritte

Ich bitte nicht um Wunder und Visionen, Herr, sondern um die Kraft für den Alltag. Lass mich immer wieder herausfinden aus dem täglichen Trott, aus dem ermüdenden Einerlei und Vielerlei, aus Angst und Langeweile. Zu mir selbst möchte ich finden. Hilf mir dazu!

Bewahre mich vor der kindischen Angst, ich könnte das Leben versäumen und „leben", ohne das Leben zu erleben. – Es kommt ja nicht darauf an, dass ich erfolgreich, sondern dass ich gesegnet bin.

Gib mir nicht, was ich wünsche, sondern was ich brauche. Das weißt Du allein. Lass mich erkennen, dass Träume nicht weiterhelfen, weder über die Vergangenheit noch über die Zukunft.

Hilf mir, das Nächste so gut wie möglich zu tun und die jetzige Stunde als die wichtigste zu erkennen.

Bewahre mich vor dem naiven Glauben, es müsste im Leben alles glattgehen. Schenke mir die nüchterne Erkenntnis, dass Schwierigkeiten, Niederlagen, Rückschläge eine selbstverständliche Zugabe zum Leben sind, wodurch wir wachsen und reifen, um unser Leben zu meistern.

Schenke mir eine Portion Misstrauen gegen mich selbst; keiner kann die Hand für sich ins Feuer legen. Erinnere mich in kritischen Minuten daran, dass das Herz oft gegen den Verstand streikt.

Ich möchte mich nicht beeinflussen lassen vom Gerede der Leute, alles sehen und vieles übersehen. Gib mir die Kraft dazu.

Halte mich fest, wenn ich versucht bin, bitter oder verbittert zu werden. Schicke mir im rechten Augenblick jemand, der den Mut hat, die Wahrheit in Liebe zu sagen. Gib mir die tägliche Wachsamkeit für Leib und Seele, eine Geste deiner Barmherzigkeit, ein gutes Wort, ein freundliches Echo und wenigstens hin und wieder das Erlebnis, dass man noch gebraucht wird.

Ich weiß, dass sich viele Probleme dadurch lösen, dass man etwas tut.

Gib, dass ich warten kann. Ich möchte dich immer aussprechen lassen. Das Wichtigste im Leben sagt man nicht sich selbst, es wird einem gesagt.

Du weißt, wie sehr wir der Freundschaft bedürfen. Gib, dass ich diesem schönsten, schwierigsten, riskantesten und zartesten Geschäft des Lebens gewachsen bin. Ich möchte trösten, aber bewahre mich vor der Gefahr, dass ich andere nur vertröste. – Ich möchte das nötige Stehvermögen haben, um Haltlosen Kraft zu bieten.

Herr, gib mir die Kraft, die Kunst der kleinen Schritte für heute zu lernen. Amen

Schon lange begleitet mich dieser Text durch die Realitäten meines Lebens. Der Text lebt davon, dass er entlang des Spannungsbogens von Zukunftsvision und Alltagsrealität Fähigkeiten und Kompetenzen als Bitte formuliert. Er spricht von der Kunst der kleinen Schritte.

Unwillkürlich löst diese Aussage Fragen in uns aus. Wodurch oder warum können kleine Schritte zu einer besonderen Kunst werden? Sind kleine Schritte nicht eher die Folge fehlender Sicherheit und Zielstrebigkeit? Ist nicht selten fehlendes Selbstvertrauen oder Angst Ursache für kleinere Schritte? Kleine Schritte werden zur Kunst, wenn ich sie wirklich bewusst wahrnehme und so setze, dass sie mich *sicher zielorientiert* weiterführen. Es geht bei den kleinen Schritten um die positive Erfahrung, dass mich auch das Kleine und manchmal Unscheinbare weiterbringt.

Die Kunst der kleinen Schritte schenkt mir auch die *Zeit*, genauer hinzusehen, ohne zu erstarren. Wer auf ein großes Ziel hin unterwegs ist, muss seine Kräfte einteilen sowie die Bedeutsamkeiten von Ereignissen und Gegebenheiten erkennen und unterscheiden können. Jeder Weg und gerade auch jede Weggemeinschaft in einer Organisation braucht ein klares Ziel und den sich gegenseitig stützenden Wechsel von geführten, sicheren Wegstrecken und ungewissen, mutigen Schritten, ohne die Neues niemals entstehen könnte.

Die Kunst der kleinen Schritte hilft mir, *Lichtblicke* mit all ihrer Kraft wahrzunehmen, die mich dann auch durch Dunkelheiten führen und mich nicht entmutigen, wenn eben nicht alles glatt geht und Rückschläge ein Weitergehen behindern. Lernerfahrungen werden häufig gerade dann möglich, wenn ich erkenne, dass Schwierigkeiten und Krisen Zugabe zum Leben sind, durch die wir wachsen und reifen können.

Der Text spricht sodann vom *wahrhaftigen Feedback* zur rechten Zeit. Im Kontext unserer Überlegungen zu Veränderungsprozessen bedeutet dies, dass ich *Zeiten der Vergewisserung* einfügen muss. Solche Zeitphasen sollen verhindern, dass ich das Ziel aus dem Auge verliere, unnötige Umwege gehe oder gar die so wichtige Weggefährtenschaft gefährde. Diese Weggedanken des *Antoine de Saint-Exupéry* lenken unseren Blick auf drei wesentliche Dimensionen unseres Menschseins.

Da ist zunächst der Mensch als *Individuum*, geprägt von und ausgestattet mit all den Gaben und Fähigkeiten, die ihn so *einzigartig* machen. Der zweite Blick ist darauf ausgerichtet, dass wir Menschen als *soziale Wesen* geschaffen sind, eine Dimension, die besondere Aufmerksamkeit fordert, denn kaum etwas anderes in unserem Leben ist mehr Chance und Gefährdung zugleich als sie. Mit der *christlich spirituellen Ausrichtung* als dritter Dimension durchwebt *Antoine de Saint-Exupéry* seinen Text wie mit einem roten Faden, denn all seine Wünsche und Bitten sind spirituelle Ausrichtung auf den, der von sich selbst sagt: Ich bin der Weg, die Wahrheit und das Leben.

Zitate und Aphorismen

Man muss beten, als ob alles Arbeiten nichts nützt,
und arbeiten, als ob alles Beten nichts nützt.
MARTIN LUTHER

Wenn du keine Last zu tragen hast,
dann nur deshalb,
damit du die anderen mittragen kannst.
MADELEINE DEBÈL

Es kommt nicht darauf an, wie viel wir tun,
sondern wie viel Liebe, wie viel Aufrichtigkeit,
wie viel Glauben wir in unser Tun legen.
MUTTER TERESA

Heute Abend nehme ich mir vor:
Ich werde gut sein, ich werde etwas tun,
was wert ist, getan zu werden.
INDIANER, COLORADO

Bedenke: Ein Stück des Weges liegt hinter dir,
ein anderes Stück hast du noch vor dir.
Wenn du verweilst, dann nur,
um dich zu stärken, nicht aber,
um aufzugeben.
AUGUSTINUS

Leben heißt auch, sich einer Gefahr aussetzen.
Wir müssen Gott machen lassen.
Wichtig ist nur, dass wir
sein Wirken begreifen und tun.
JOSEF VON CALASANZA

Wenn der Weg unendlich erscheint
und plötzlich nichts mehr gehen will,
wie Du es wünschst,
gerade dann darfst Du nicht zaudern.
DAG HAMMARSKJÖLD

Zusammenkommen ist ein Beginn.
Zusammenbleiben ist ein Fortschritt.
Zusammenarbeiten ist ein Erfolg.
HENRY FORD

Tue erst das Notwendige,
dann das Mögliche und plötzlich schaffst Du
das Unmögliche.
FRANZ VON ASSISI

Impulse zum Weiterdenken

Bei den folgenden Anregungen zum Weiterdenken möchte ich von dem Grundsatz ausgehen, dass professionelle und kompetente Führungsarbeit sich wirklich darin zeigt, wie ich zu *zukunftsorientierten, guten Entscheidungen* finde.

Immer dann, wenn Veränderungen notwendig sind, stellt sich auch die Frage nach *Sinn und Ziel*, nach konkreten Schritten und zielführenden Wegen.

Eine erste Frage:

Welche Veränderungsprozesse haben mich bisher besonders gefordert?

Diese konkrete Überlegung soll die vielfältige Realität von Veränderungsprozessen im Leben von uns Menschen bewusst machen. Sie zeigt darüber hinaus auf, dass die Art und Weise, wie wir uns heute in solchen Prozessen verhalten und uns in sie einbringen, eine Geschichte hat.

In einem nächsten Schritt können Sie dies auch einmal ganz konkret im Rahmen Ihrer beruflichen Verantwortung in den Blick nehmen. Welche Widerstände oder besonderen Herausforderungen haben Sie für sich persönlich wahrgenommen oder sind Ihnen in der Organisation selbst begegnet?

Eine weiterführende Frage könnte in diesem Zusammenhang sein:

Welche Aspekte, die ein Unternehmen zu einer *lernenden Organisation* werden lassen, erlebe ich in meinem Arbeitsalltag?

In allen Organisationen und Unternehmen gibt es neben hervorragenden Kompetenzen und Stärken auch Schwachstellen und Lernfelder. Da gerade diese aber, wie in den Ausführungen dieses Kapitels erwähnt, sehr sensibel wahrgenommen werden, ist auch eine Schwachstellen- und Stärken-Analyse wichtig. So möchte ich ganz im Sinne von *Eugéne Ionesco* – „Es ist nicht nur die Antwort, die erhellt, sondern die Frage" – nach den *Stärken und Lernfeldern Ihres Unternehmens fragen.*

Für mich schließt sich eine weitere, gerade für Führungskräfte wichtige Frage an: Gelingt es mir, *Wesentliches und Notwendiges* zu erkennen und von weniger Wichtigem zu unterscheiden?

Bei der nächsten Frage möchte ich von folgender Aussage ausgehen: *Menschen* lernen eher über Gefühls- und Bewusstseinsbildung, über Vorbilder und verständlich erhellende Kommunikation, wohingegen *Organisationen* wesentlich über Struktur, Prozess und Entscheidungsfindung lernen.

Haben Sie in Ihrem Führungsalltag ähnliche Erfahrungen gemacht? Und wie gestalten Sie wichtige Veränderungs- und Entscheidungsprozesse?

Darüber hinaus stehen Veränderungen immer im Spannungsfeld von Vorgabe, Selbstverantwortung und Kontrolle. Auch dazu einige weiterführende Fragen.

Wie konsequent und auf welche Weise nutzen Sie das Instrument der *Zielvereinbarung* und *Zielvorgabe* bei der Gestaltung von Veränderungsprozessen?

Wie gelingt es, Menschen zur Übernahme von mehr *Selbstverantwortung* zu ermutigen, und worauf ist dabei besonders zu achten?

Was ist Ihr Verständnis von *Kontrolle* und wie gelingt es, diese erfolgreich einzusetzen?

All diese Fragen und Anregungen können nur Hinweise geben und wollen deutlich machen, was zu beachten ist, damit Veränderungsprozesse innerhalb einer Organisation möglichst zielführend und erfolgreich gestaltet werden können. Wie sagt ein bekanntes chinesisches Sprichwort: „Wenn der Wind der Veränderung weht, bauen die einen Mauern und die anderen Windmühlen."

Veränderungen fordern Bereitschaft zum Risiko, doch damit verbunden ist die Chance, in das Mehr des Morgen hineinzuwachsen.

Organisationsmanagement
Warum die Ordnung der Organisation weniger als die Hälfte ist

Ordnung ist die Verbindung
des Vielen nach einer Regel.
IMMANUEL KANT

Zum Einstieg

Das Gleichnis vom Magen und den Gliedern

Die Rede von Menenius Agrippa nach der Darstellung, die der Geschichtsschreiber Titus Livius gut vierhundert Jahre später gibt:

In früherer Zeit war im Menschen noch nicht wie jetzt alles eine Einheit, sondern jeder einzelne Körperteil hatte seinen eigenen Willen und seine eigene Stimme. Eines Tages beklagten sich die Hände, die Füße, die Zähne, die Arme und die Beine, dass sie sich von morgens bis abends abmühten, um Nahrung herbeizuschaffen, während der Magen nur ruhig in der Körpermitte liege und nichts tue als sich die dargebotenen Genüsse behagen zu lassen. Das wollten die Glieder nicht länger dulden und schlossen folgendes Übereinkommen: Die Hände sollten keine Speise mehr zum Mund führen, der Mund keine dargebotene Nahrung annehmen und die Zähne nichts mehr zermalmen. Doch schon rasch zeigte sich, dass sich die Glieder dadurch selbst schädigten. Der ganze Körper wurde schwach und krank. Da erkannten die Glieder, dass auch der Magen nicht faul und nutzlos war, sondern allen Teilen des Körpers durch die Verdauung der Speisen Leben und Kraft zurückgab.[*]

---

[*] Aus: M. Nöllke, Anekdoten, Geschichten, Metaphern für Führungskräfte. Freiburg-Berlin-München 2002, 35.

(Management-)Reflexionen

Das sonderbare Fußballspiel Stellen Sie sich vor, Sie sind Trainer einer neu gegründeten Fußballmannschaft, und es gelingt Ihnen, jeden Spieler entsprechend seinen Anlagen topfit zu machen: Jeder einzelne kann seinem Potential nach alles am Ball. Wenige Tage später kommt es zu einem ersten Match mit einer nur mäßig kompetenten Mannschaft. Ihr Team verliert haushoch. Warum?

Die Antwort ist die, dass gar kein Team spielte, sondern nur individuelle Ballkünstler. Damit es zu einem *Zusammen*-Spiel kommen kann, müssen sich alle auf elementare und formale *Spielregeln* einlassen: Regeln des Spiels selbst (wann ist „Abseits", wann ist der Ball „aus" etc.) und der Funktion der Mannschaft (wer hat welche „Position" und ist wofür „zuständig", wer ist „Kapitän" etc.). Ohne solche Regeln funktioniert das Spiel nicht: Die vielen müssen, wie *Kant* sagt, nach einer Regel zu einer Ordnung verbunden werden.

Organisation als Summe aller formalen Regeln Wer Menschen führt (sich selbst, einzelne Mitarbeiter sowie Gruppen oder Teams), kann dies nur dann tun, wenn zugleich die *Regeln des Zusammenspiels* geklärt und bekannt sind. Dies bedeutet, dass Arbeitsabläufe, Informations- und Kommunikationswege, Ziele und Entscheidungsprozesse genauso definiert werden müssen wie Zuständigkeiten für Aufgaben, Kompetenzen und Verantwortung, Weisungsbefugnisse, Teamspielregeln, Führungsgrundsätze usw. *Ablauf* und *Aufbau*, *Prozess* und *Struktur* des *Zusammenspiels*, die Summe aller formalen Spielregeln, um das Spiel spielen zu können, ist die Organisation.

Mit ihr beziehen sich Führen und Leiten auf eine klar ansprechbare, gezielt planbare und bewusst veränderbare Ebene. Ohne Zweifel handelt es sich hierbei um eine wichtige und unersetzbare Führungsaufgabe.

Das Unbewusste und Irrationale in Organisationen Natürlich weiß jede Führungskraft, dass mit der bewusst plan- und veränderbaren Ebene noch keineswegs alles Wichtige angesprochen ist. Ein „team of stars" ist eben noch lange kein „star team", wie wir im Teammanagement gesehen haben. Dazu bedarf es noch eines „Teamgeistes" und „Wir-Gefühls". Organisationen sind nicht nur formale Maschinen, sondern lebendige Organismen, in denen Gefühle und Vertrauen eine maßgebliche Rolle spielen. Sinnvoller Wandel wächst nur auf Vertrauen. Vertrauen ist der einzig fruchtbare Boden für dauerhaft erfolgreichen Wandel. Damit nähern wir uns einem Thema an, das beim Führen und Leiten von Organisationen grundsätzlich zu wenig beachtet wird, weil es einerseits schwer zu fassen und andererseits schwierig zu gestalten scheint: das Unbewusste und Irrationale in Organisationen.

Organisations-Unterwelt Neben der Organisation als verwaltungsfähigem formalem Phänomen mit Organigrammen, Hierarchien und Schildern gibt es eine *Organisations-Unterwelt* oder einen Organisationshades. Wir können uns diese Situation gut am *Modell des Eisberges* verdeutlichen, von dem nur ein kleiner Teil gut sichtbar, der größte, umfang- und energiereichste Teil aber sich verborgen unter Wasser befindet. Neben der sichtbaren und offenkundigen, klar benenn- und gestaltbaren Welt gibt es sozusagen eine „hidden world".

In dieser verborgenen, versteckten und weitgehend informellen Welt wird ein maßgeblicher Teil des Zusammenspiels gespielt und die Grundlage sowohl für ein gelingendes Miteinander wie auch für vielfältige Organisationspathologien gelegt. Hier gibt es Gerüchteküchen und Rangkämpfe, Barrieren, Mauern und Fürstentümer. Hier gibt es Haifischbecken und Goldfischteiche, Besitzstandswahrung und Bereichsegoismus. Hier ist eine eigenartige Flora und Fauna mit Alphatieren, Revierkämpfen, Grabenkriegen, Brückenschlägen. Es wachsen Schlingpflanzen, und es röhrt der Platzhirsch. Hier wachsen aber auch Vertrauen, Anerkennung und Wir-Gefühl in einem emotionalen, weithin unbewussten und auch irrationalen oder besser irrational scheinenden Siedetopf und Schmelztiegel.

Natürlich weiß eine gute Führungskraft, dass die Organisation *an Prozessen auszurichten* ist und sie dafür sorgen muss, dass blockierende Organisations-Mauern verschwinden. Die Arbeitsorganisation muss an die Unternehmensprozesse und die Leistungserbringung an die Markt- und Kundenbedürfnisse angepasst werden. Die Hierarchien werden abgeflacht. Transparenz und Offenheit, Durchlässigkeit und Durchsichtigkeit sind oberstes Gebot. Die Prozesse selbst werden auf flexible Weise nach Bedarf und Kompetenz vernetzt.

Wer die Flexibilität und Durchlässigkeit der Organisation erhöht, schafft eine *Innovationskultur* und lebendig lernende Organisation. Die Führungskraft wird den Mitarbeitern immer wieder den *Blick für das Ganze* ermöglichen und das „Wir" sowohl im Erfolg als auch in der Niederlage herausstellen. Erst das Zusammenspiel, das Zusammenwirken, die Zusammenarbeit machen uns stark: Die Führungskraft wird ein ganzheitliches, systemisches Denken fordern und ermöglichen. Sie wird helfen, den roten Faden zu sehen, das Ganze im Auge zu behalten und keine bloß lokalen Optimierungen vorzunehmen. Und doch ist damit das Potential der Organisationsunterwelt kaum berührt.

Entscheidende Fragen Die entscheidende Frage, die man sich als Führungskraft, aber auch als mitgestaltender Mitarbeiter stellen muss, lautet: *Wie kann man sinnvoll und erfolgreich auf die energiereiche, lebendige Unterwelt der Organisation einwirken?* Wie ist auf gute Weise auf die Eisbergwelt unter Wasser Einfluss zu nehmen? Wie kann die Welt des Emotionalen, Unbewussten und (scheinbar) Irrationalen positiv gestaltet werden?

Eine eher verfehlte Strategie Einige der Antworten werden der Organisationsunterwelt kaum gerecht. Dazu zählt beispielsweise die Strategie, *„den Sumpf trockenzulegen"*. Hier handelt es sich um den Versuch, alles nach oben, ans Licht zu bringen, alles transparent und durchsichtig zu machen. Dieser Weg hat dort seine Berechtigung, wo im Einzelfall *Konflikte* nicht verständlich werden. Und natürlich ist es auch sinnvoll, *Kraftfeldanalysen* vorzunehmen, also die Frage zu stellen, wer gegenüber welchen Entwicklungen pro oder contra eingestellt ist, welche Schlüsselpersonen eingebunden werden sollten, welche „grauen Eminenzen" beachtet werden wollen, wer Verliererphantasien hat usw. Aber die alltägliche informelle und unbewusste Welt ist genauso wenig zu formalisieren und planbar zu machen, wie das Unbewusste eines Menschen in pures Bewusstsein verwandelt werden kann. Ja, dies ist nicht nur unmöglich, sondern noch nicht einmal wünschenswert, da das Unbewusste und auch das Emotionale seine eigenen Regeln, seine eigentümliche Produktivität und Kreativität besitzt.

Positive Wege Daneben gibt es einige Wege, die die Organisationsunterwelt positiv, wenn auch nur eingeschränkt beeinflussen. Dazu gehören zum Beispiel die *Werte*, die gepflegt werden. Von großer Bedeutung ist das *Vorbild* insbesondere auch von Führungskräften, ob sie integer, authentisch und stimmig erlebt werden, ob sie loben, anerkennen und wertschätzen und auch mit Fehlern und Konflikten konstruktiv und fair umgehen können. Ebenfalls sind *Feiern und Feste* wichtig. Alle diese Phänomene fördern eine gute Atmosphäre, Wir-Gefühl, Team-Geist und Vertrauen, ein Klima der Verlässlichkeit und des Zusammenhalts.

Der „Königsweg" Den *„Königsweg"* zur Gestaltung der Organisationsunterwelt können wir entdecken, wenn wir die oben angedeutete Analogie zum Unbewussten im Menschen weiter ausführen. Was ist die „Sprache" des Unbewussten? Worauf reagieren Gefühle besonders stark? Welche Diskursform begegnet uns in Träumen? Es sind *Bilder* und *Metaphern*. Bilder und Sprachbilder integrieren Herz und Kopf, Kognition und Emotion und ordnen das vermeintliche Chaos der Organisationsunterwelt.

Symbolisches Führen Um Kopf und Herz der Mitarbeiter anzusprechen, ist es für Führungskräfte daher wichtig, neben dem rationalen Teil auch den emotionalen und unbewussten angemessen anzusprechen. Dies geschieht durch *symbolisches Führen*, das insbesondere Rituale, Symbole, Legenden, Metaphern, Vorbild, Erlebnisse usw. umfasst. An dieser Stelle sind zur Anregung einige Bilder aufgeführt, die das Kernbild für eine *Teammetapher*, eine *Organi-*

sationsmetapher oder ein *Unternehmensbild* in Zeiten des Wandels werden können. Die Anregung besteht darin, *eigene* (zu mir und der Situation) passende Bilder zu finden, sie auszugestalten und immer wieder zu säen, bis die Saat aufgeht.

Metaphern-Beispiele für symbolisches Führen

- Familie
- Baum
- Haus
- Herz
- Netzwerk statt Räderwerk
- Garten
- Blumenmetaphern
- Bergsteigergruppe
- Zelte statt Paläste
- Theaterinszenierung
- Kapitän
- (Fußball-)Coach
- Sanduhr
- Rallye
- Gehirn
- Fest/Feier/Picknick
- Marktplatz
- Tanz
- Schiff
- Ameisenstaat
- Leib/Organismus
- Nervensystem
- Mannschaft
- Ballon-Reise
- Kette
- Zahnräder
- Festung/Burg
- Sanatorium
- Lehrer
- Mosaik
- Waage
- Orchester
- Segelschiff-Flotte
- Staat
- Mobile
- Fußballspiel

Weisheitstext

Die rote Jacke

Wochenlang waren die Schiffe des *Kolumbus* schon unterwegs. Mehr als die Hälfte der Vorräte war aufgebraucht und an Umkehr nicht mehr zu denken. Gerüchte kursierten zwischen den Schiffen. Meuterei lag in der Luft. „Du musst handeln, *Kolumbus*, bevor es zum Schlimmsten kommt", warnte ihn ein enger Vertrauter. „Ah, ich sehe das Land schon vor mir, wir werden es erreichen. Ich sehe es schon", flüsterte *Kolumbus*. „Dann gehe hinaus und sage es deiner Mannschaft", war die leicht verärgerte Antwort des Vertrauten.

Eine Versammlung wurde einberufen. Die Stimmung war angespannt, die Mienen der Männer finster. Einer schrie: „Diese Reise ist verflucht. Gott will nicht, dass wir das Meer überqueren." *Kolumbus* konterte: „Was du redest, ist verflucht. Es ist wie ein Gift, das uns schwächt und all die Kraft raubt, die wir brauchen." *Kolumbus* nahm nun die Männer fest in den Blick und begann seine Rede:

„Männer, hört, wir werden das Land erreichen. Es wird uns gelingen. Wir werden die Ersten sein. Und ihr werdet dabei sein. Zu Hause und später noch, bei den Enkeln und Urenkeln, wird es immer noch heißen: Ja, er war dabei. Ja, er gehörte dazu. Und die Geschichte von euren Heldentaten wird nie zu Ende erzählt werden. Ich weiß, das Land ist da. Seht, hier auf dem Arm habe ich eine rote Jacke heraufgebracht. Seht sie euch gut an. Diese Jacke wird heute noch an den Mast geschlagen werden. Sie gehört demjenigen unter euch, der zuerst das Land sehen wird, und hundert Goldstücke dazu."

Die Jacke wurde an den Mast geschlagen, der Wind füllte die Segel, alle Kräfte waren wie durch einen geheimen Magneten wieder gespannt und nach vorn in die Zukunft auf das unsichtbare Land ausgerichtet. *Kolumbus* verstand etwas von „symbolischem Führen".

Und was ist Ihre „rote Jacke"?

Meditation

Das Bild aller Bilder

Welche Auswirkung hat die Einsicht, dass es eine „Organisationsunterwelt" gibt, auf mein *Führungsverständnis*?

Welche Auswirkung hat die Einsicht, dass es eine „Organisationsunterwelt" gibt, auf mein *Führungsverhalten*? Mit welchen Möglichkeiten versuche ich, die „invisible world" sinnvoll zu gestalten?

Die Führungskraft steht im Wandel und in der Veränderung; aber sie wird nicht von ihnen verschluckt. Sie ist auch Wegweiser in unruhigen Zeiten. Sie muss eine *Vision* haben, die attraktiv ist und den Wandel führt und begleitet. Versucht sie, vom Nebel in die Klarheit zu gelangen und heute die Weichen für morgen zu stellen, vermeidet sie den Managementengpass, keine oder eine zu unattraktive Vision für den Zustand danach zu haben. Visionen haben Kompassfunktion und Magnetwirkung. Werte und Visionen weisen Wege durch den Wandel. Ein zentraler Aspekt: ihre *Organisations-Metapher*. Was ist das *Bild der Organisation*, das sie kommuniziert? Ist es noch das alte des großen Palastes, stark, stabil und unbeweglich? Oder ist es das des Zeltes, das die Beweglichkeit, die Flexibilität, Offenheit, Leichtigkeit und Veränderungsbereitschaft symbolisiert und für eine Projekt- und Teamkultur steht? Oder ist es noch ein anderes: der Organismus, der Garten, das Netzwerk, ein Segelschiff, irgendeine *rote Jacke* ... Gute *Visionsbilder* sind Energiespender und Kraftquellen. Nicht über die Dunkelheit jammern, sondern eine Kerze anzünden!

Wir alle sind Glieder an einem Leibe, sagt *Paulus* im ersten Korinther-Brief, keiner besser als der andere, keiner schlechter. Die scheinbar unwichtigsten können sich gerade als die nötigsten Organe erweisen. Aller Wandel, alles Wachstum, jede Entwicklung, die der gesamte Leib durchläuft, ist zuletzt getragen von dem guten Geber aller guten Gabe, der auch alle Zeit des Wandels in seinen Händen hält. *Was ist dein letztes Bild?* Worin wurzeln alle deine Bilder zutiefst? Worauf zielen sie schließlich ab?

Zitate und Aphorismen

Die wichtigste Fähigkeit ist die, welche alle anderen ordnet.
BLAISE PASCAL

Ordnung ist das erste Gesetz des Himmels.
ALEXANDER POPE

Alles im Menschen ist Organisation.
WILHELM VON HUMBOLDT

*Organisation besteht darin, weder den Dingen ihren Lauf noch
den Menschen ihren Willen zu lassen.*
HELMAR NAHR

Vom höchsten Ordnungssinn ist nur ein Schritt zur Pedanterie.
CHRISTIAN MORGENSTERN

Organisieren heißt, gegen den Lauf der Dinge ankämpfen.
HELMAR NAHR

Ordnung soll nicht herrschen, sondern dienen.
RUPERT SCHÜTZBACH

*Gegenüber der Fähigkeit,
die Arbeit eines einzigen Tages sinnvoll zu ordnen,
ist alles andere im Leben ein Kinderspiel.*
RUPERT SCHÜTZBACH

Impulse zum Weiterdenken

Zu welchen Gedanken, Ideen und Einsichten bin ich gekommen? Was ist mir wichtig?

Habe ich eine klare Vorstellung von effizienten Organisationsmodellen?

Kenne ich die wesentlichen Organisationsengpässe?

Ersetze ich Schnittstellenmanagement durch Verbindungsmanagement?

Unterstütze ich persönliche Netzwerkbildung in meiner Organisation?

Sind Informations- und Kommunikationsflüsse klar und eindeutig geregelt?

Sind alle Prozesse und Strukturen an Geschäftsprozessen ausgerichtet?

Kommuniziere ich eine motivierende und energievolle Organisationsmetapher?

Verstehe ich genügend vom Unbewussten und Irrationalen in Organisationen? Bin ich diesen Aspekten gegenüber aufgeschlossen und auf sie aufmerksam und achtsam?

Bin ich auf der Suche nach meiner „roten Jacke"?

Bedenke ich die Frage, was die Grundlage aller Bilder, was das letzte Bild, welches das Bild aller Bilder ist, aus dem ich lebe und das ich mit anderen teile?

Woran werde ich nun arbeiten? Was werde ich tun und was werde ich lassen? Was genau nehme ich mir nun konkret vor, ohne es auf die lange Bank zu schieben? Welche Punkte will ich ab morgen unmittelbar in meiner Arbeit verwirklichen?

Systemmanagement

Nicht weil die Dinge unerreichbar sind,
wagen wir sie nicht.
Weil wir sie nicht wagen,
bleiben sie unerreichbar.
SENECA

Systemmanagement
Leitbild und Vision

Wenn Du nicht versuchst,
etwas über das hinaus zu wagen,
was Du bereits bis heute getan hast,
wirst Du niemals wachsen.
UNBEKANNT

Zum Einstieg

Dem Ziel entgegen

Zielorientierung   Nicht als hätte ich es schon erlangt oder wäre ich schon am Ziele;

doch ich jage ihm nach, um es zu ergreifen, da ja auch ich ergriffen wurde von Christus Jesus.

Brüder, noch halte ich mich nicht dafür, als hätte ich es schon ergriffen; doch eines tue ich:

Ich vergesse, was hinter mir liegt, und strecke mich aus nach dem, was vor mir liegt.

Das Ziel vor mir, jage ich nach dem Siegespreis der himmlischen Berufung Gottes in Christus Jesus.

Doch was wir erreichten, in dem lasst uns weitergehen und die gleiche Richtung halten!

Seid meine Nachahmer, Brüder, und schaut auf jene, die so wandeln, wie ihr ein Vorbild habt an uns.

Im Übrigen, Brüder, was wahr ist, was ehrbar, was gerecht, was rein,

was liebenswert, was ansprechend, was es an Tugend und löblichen Dingen gibt, darauf richtet euren Sinn!

Und was ihr gelernt und empfangen, gehört und gesehen habt an mir, das tut.

Phil 3,12–14.16–17; 4,8 f.

Wie wichtig es ist, ein *Ziel* vor Augen zu haben, wird uns Menschen in den vielfältigsten Lebenssituationen und Lebensphasen bewusst. Ziele gehören zum Leben, können in ihrer Bedeutung aber sehr unterschiedlich sein. Immer wieder sprechen wir davon, dass wir uns Ziele setzen müssen. Das heißt, am Anfang eines Weges steht meist ein Ziel, ein Wunsch, ein Traum, eine Idee, genährt von einer manchmal unbewussten *Sehnsucht*. Wie wunderbar ist die Erfahrung, wenn solche Träume und Visionen zu konkreten Hoffnungsbildern werden. Dazu ist es notwendig, dass sie uns nicht nur oberflächlich berühren, sondern uns in unserer Tiefe erreichen und dort einwurzeln können. Im Märchen, wie auch im Leben, mit all seinen Wirklichkeiten, geht es häufig darum, diese innewohnenden Sehnsüchte und Bilder in möglichst kommunizierbare Zielvorstellungen zu übertragen. Wunschziele und Traumideen so zu kommunizieren, dass diese *Begeisterung* auslösen und zur *Gefolgschaft* ermutigen, ist wahrlich eine große Kunst. Dies braucht unter anderem deswegen eine besondere Begabung, weil Ziele, dies ist eines ihrer Wesensmerkmale, außerhalb meiner momentanen Lebenswirklichkeit liegen. Die große Herausforderung besteht also darin, eine Idee so zu formulieren, dass sie *auch ohne reale Erfahrung ansteckend* wirkt und Begeisterung weckt.

Zukunft in Hoffnungsbilder bringen, auf das Andere, das Mehr, das Neue, das Noch-nicht-Greifbare hinweisen, ist für ein Unternehmen nicht nur „Kür", sondern gehört zur „Pflicht", um einen Terminus aus dem Sport zu verwenden.

Zielgerichtetes Führen setzt voraus, dass Innerungen, also das, was mir wertvoll und wichtig ist, zu Äußerungen werden. Verborgenes muss klar benannt werden, weil nur das Wissen um gemeinsame Ziele auch gemeinsame Wege möglich macht. Was ich verkünde, muss in mir brennen. Deswegen ist die Olympische Flamme ein so *überzeugendes Symbol* für die „Olympische Idee" des friedlichen und fairen Wettkampfes. Welch großartige Möglichkeit bietet ein solches Fest der Völker, bei dem immer wieder aufleuchten muss, dass es nicht nur um den Sieg geht, sondern für viele schon das Dabei-Sein und Mit-Machen Erfüllung bedeutet. In welchen Lebenszusammenhängen unserer so leistungsorientierten Gesellschaft ist diese Erfahrung noch möglich? Wo ist nur das Dabei-Sein wirklich noch ein erstrebenswertes Ziel?

Das Einende

Von *John F. Kennedy* haben wir im Teammanagement ein Zitat benutzt, das deutlich macht, wie wichtig gemeinsame Hoffnungsbilder sind: „Wenn wir uns uneinig sind, gibt es wenig, was wir können. Wenn wir uns einig sind, gibt es wenig, was wir nicht können." Es geht also immer darum, das *Einende*, also das, was uns trägt, nicht aus dem Auge zu verlieren, sondern Sorge dafür zu tragen, dass es in uns „Einwohnung" nimmt und lebendig bleibt.

Die folgenden Gedanken zeigen die Bedeutung und Chance von *Leitbild* und *Vision* für die *sinngebende* Ausgestaltung und erfolgreiche Führung einer Organisation auf. Sie wollen zugleich Ermutigung sein, sich auf die Suche nach dem wirklich Wesentlichen und den Be-Gründungen meines Lebens und auch des eigenen Unternehmens zu begeben.

(Management-)Reflexionen

Idee und Begegnung Beginnt alles wirklich mit einer *Idee* oder geht nicht allem neuen Leben eine *personale Begegnung* voraus? Diese Frage und den daraus entstehenden Weg wollen die folgenden Ausführungen an eine Antwort heranführen.

Als Menschen sind wir ins Dasein gerufen und gesandt, um Begegnungen so zu gestalten, dass Neues entstehen, sich entwickeln und wachsen kann. Ideen und Visionen, die dem Leben dienen und so Entscheidung für das Leben sein sollen, müssen von ihrem Ziel her betrachtet und bewertet werden. Ideen und Neuanfänge, sollen sie Wirklichkeiten positiv verändern, müssen einen Sinn haben, das heißt sinnvoll sein oder in sich Sinn vermitteln.

Vision ist vorausgedachte Zukunft Wie jedoch entsteht eine unternehmerische Vision und was verbirgt sich hinter diesem Bild, das in der Spannung zwischen Realität und Traum zu entdecken ist und dort zu einer inneren Vorstellung reifen muss? Visionen sind *vorausgedachte Zukunft*. Sie rufen dazu auf, unsere inneren Bilder zielgerichtet und prozessorientiert Wirklichkeit werden zu lassen. Alles wird *zweimal geschaffen*, das meinen wir doch, wenn wir die Formulierung verwenden: Vor meinem „geistigen Auge" sehe ich dieses oder jenes. Also ist der Schöpfungsort einer zündenden Idee immer eine Anregung, die im Innenraum des Menschen entsteht und sich bildet.

Damit diese geistigen Bilder jedoch nicht verblassen, muss sich jede Vision zu einer realistischen Zukunftsschau entwickeln, damit sie nicht als Traumbild wie eine Luftblase zerplatzt. Konkret bedeutet dies, dass jede Vision, jede packende, zündende Idee sowohl von energiegeladener Emotion und faszinierender Intention als auch von prozessgestalteten Teilzielen lebt und nur schrittweise zur Wirklichkeit werden kann. Doch eines ist unbestritten wichtig: Die zündende Idee muss über das Bestehende und sogar über das Mögliche hinausdenken und hinausführen.

Vision ist Traumdeutung und Traumerfüllung

Wie heißt es so treffend: Wer morgen noch da sein will, muss heute über die Zukunft sprechen. Der Blick in die Zukunft bedeutet stets, vorauszuschauen und die zukünftigen Anforderungen mit all ihren absehbaren und unabsehbaren Veränderungen und Möglichkeiten *ganzheitlich* in den Blick zu nehmen. Der Blick in die Zukunft braucht die Gabe sensibler und aufmerksamer Wahrnehmung. Es braucht das Erkennen mit Herz und Kopf, mit Geist und Seele. Erst dann ist eine Analyse möglich, die Mögliches und Unmögliches, Sehnsucht und Realität in eine umfassende und tragfähige Beziehung setzen und in ihrer Konsequenz bedenken kann. Ein solches Geschehen kann ungeahnte Kräfte freisetzen oder auch zu Resignation führen. Die Vision als geistige, bildhafte Vorwegnahme künftiger, denkbarer und möglicher Entwicklungsziele ist nur dann möglich, wenn ich die Kraft finde, mich von der Fessel einer nüchternen Realität lösen zu können. Oft genügen Momente und eine charismatische Wachsamkeit für den *Kairos*, dieses Geschenk des richtigen Augenblicks, damit ein solcher Prozess der „Traumdeutung und Traumerfüllung" in Gang gesetzt wird.

Vision ist Kairos-Reise vom Traum zur Wirklichkeit Doch was verbirgt sich hinter dem so fremd anmutenden und einen gewissen Zauber auslösenden Wort vom *Kairos*? Kairos ist in der griechischen Mythologie der Gott der günstigen Gelegenheit und des rechten Augenblicks. Die besondere Chance des Augenblicks zu erkennen, dazu haben wir Menschen nicht so häufig die Gelegenheit. Die Gunst der Stunde zu erkennen, oder sollten wir nicht eher sagen zu erahnen, ist ein besonders *kreativer* Akt, der sowohl eine aktive als auch eine passive Seite hat. Unsere Redensart „Die Gelegenheit beim Schopf packen" macht die aktive Seite besonders deutlich. Doch dass mir diese Möglichkeit der Erkenntnis und des Ergreifens auch zufällt, dieses nicht planbare Zufallen ist der passive Anteil eines solchen Momentes. Im Kontext einer spirituellen Dimension ist dies für mich immer auch ein von Gott gegebener Zeitpunkt, eine mir von ihm zugedachte besondere Gelegenheit und Chance.

Das Erkennen des rechten Augenblicks ist noch nicht die Erfüllung, sondern erst der Beginn einer *Reise* zwischen Traum und Wirklichkeit oder genauer vom Traum zur Wirklichkeit.

Werte-Boden Es ist eine Balanceakt, mich zwischen Traum und Wirklichkeit bewegen zu können. Dieser Akt erfordert Mut und die Fähigkeit, das Gleichgewicht halten zu können. Meine Erfahrung ist, dass ein solcher Balanceakt mir dann eher gelingt, wenn ich mich einerseits eingebunden weiß in eine Organisation mit *verlässlichen Menschen* und ich andererseits rückgebunden bin an *tragende, sinngebende und sinnsichernde Werte.* Je ungewisser und unsicherer die Zeiten und die Zukunft erlebt werden, desto größer ist die Herausforderung, Vertrautes neu zu denken und sich Neuem vertrauensvoll zu öffnen. Die bestehende Pluralität der Meinungen und Wertvorstellungen macht es gerade heute nicht einfach, zu tragfähigen, begehbaren und verantwortbaren Antworten für zukunftsweisende Entscheidungen zu kommen. Das Besondere in der heutigen Zeit ist wohl, dass es immer schwieriger zu werden scheint, Visionen und zündende Ideen zu konkreten Antworten werden zu lassen, weil es immer weniger gemeinsame Überzeugungen und Werte gibt, an denen wir uns ausrichten können. Solch *tragende* Werte und Überzeugungen sind eben nicht nur theoretische Vorgabe, sondern geben Rückhalt und bilden ein *Fundament*, auf dem Neues behutsam entstehen kann. Die zunehmende Vielfalt der Meinungen bei gleichzeitiger Verminderung der prägenden Bedeutung von Überlieferung, Tradition und Bewährtem fordert eine noch größere Anstrengung und den Mut, sich von den Unsicherheiten, die nun einmal visionäre Gedanken begleiten, nicht abschrecken zu lassen. Denn bei aller Vorsicht und Zurückhaltung bleiben selbst die von Zuversicht und Vorfreude getragenen Auffassungen von dem, was für die Zukunft erforderlich ist, stets in der Realisierung immer auch ein Wagnis.

Visions-Quellen Wie entstehen nun aber Bilder einer Zukunft in Kopf und Herz eines Menschen? Wie entwickeln sich Bilder der Zukunft? Eine Vision, dies ist ihre Werdegeschichte, entsteht immer aus Vorstellungen, die sowohl auf gemachten Erfahrungen und Wahrnehmungen als auch auf Sehnsüchten ruhen. Dabei treten diese in eine Beziehung mit vorhandenen Strebungen (Tendenzen) und noch verborgenen, aber bereits schon spürbaren Entwicklungen (Latenzen) ein. Eine solche Beziehung schenkt schließlich den Raum für die individuelle Kreativität und den Entdeckerdrang des Menschen.

Vision braucht Rückbindung

Dieser *Entdecker- und Forschergeist* des Menschen ist zugleich spürbare Sehnsucht und lebendige Realität, die nicht übermütig genutzt oder ängstlich verborgen werden sollen. Zündende Ideen und unternehmerische Visionen brauchen aber, wie bereits erwähnt, *Rückbesinnung und Rückbindung*. Es gilt nicht einfach das Motto „Leine los und weg", sondern es bedarf genügend freier Leine, um in neue Gebiete rückgebunden vordringen zu können. Unternehmerische Visionen zu entwickeln erfordert nicht nur ein Gespür für das Notwendige, sondern besonders auch die Kraft für den neuen Blick und den ersten Schritt. Ein Visionär ist kein Träumer, sondern *Träger*:

- qualifizierter Hoffnungen
- sachkundiger Wünsche
- positiver Zukunftserwartungen
- ansteckender Begeisterung
- durchdachter Risikobereitschaft
- überzeugender Authentizität
- Widerstände überwindender Entschlossenheit

Schöpferischer Mut

All diese Kompetenzen und Fähigkeiten verweisen auf die zurückliegenden Kapitel mit ihren Ausführungen und werden hier wie durch ein Prismenglas noch einmal in all ihrer bunten Vielfalt gebündelt. Kompetentes visionäres Führen und Leiten bedeutet darüber hinaus, sich auch in der „Kunst des Hörens und Sehens" zu üben und diese zu kultivieren. Dabei reichen wirklich qualifizierte Visionen in ihrem Spektrum von dynamischen Zielerweiterungen bis hin zum Wagnis eines Neuanfangs. Der Mut zu „Noch-nie-Dagewesenem" kann sich nur dann kraftvoll entfalten und durchtragen, wenn er im Inneren der Menschen sinngebenden und wertgebundenen Rückhalt findet. Es gibt dabei keinen Neuanfang und keine Vision ohne einen konkreten Menschen, der sich innen und außen berühren lässt von dem, was wir Schöpfung nennen. Jede Geschichte eines Anfangs ist nie nur persönliche Leistung, sondern erwächst immer aus einer Begegnung mit dem Schöpfer und/oder mit ihm als dem Träger der Schöpfung. Dies zeigen uns die zahlreichen Unternehmensgründungen, Neuanfänge und Aufbrüche auf unterschiedliche und sehr anschauliche Weise.

Vision gründet auf Bedeutsamkeiten

Doch noch einmal zurück zur *Kunst des Hörens und Sehens*. Diese Kunst des Hörens und Sehens können wir schulen durch das Erkennen und Wahrnehmen der *Bedeutsamkeiten* in unserem Leben. Führungsaufgabe ist es somit gerade auch, auf die Bedeutsamkeiten nicht nur hinzuweisen, sondern diese für den Alltag zu erschließen und deutend zu leben.

Bedeutsamkeiten nun sind all die Werte und Motive, die für Menschen oder für ein Unternehmen als *geistig tragend* erkannt, benannt und erfahren werden. Somit sind das Wissen um eine *Unternehmensphilosophie* und die Verwirklichung eines *Leitbildes* eine zentrale Voraussetzung und der maßgebliche fruchtbare Boden für die faszinierende Impulsgebung einer Vision. Bedeutsam für uns Menschen ist all das, was uns angeht, was unsere Existenz berührt, was unser Interesse weckt und was wir als beachtenswert und wertvoll erkennen und erleben.

Um mir der Bedeutsamkeiten meines Lebens oder auch meines Unternehmens bewusst zu werden, können die folgenden Fragen Hilfe sein:

- Was oder wer trägt mich?
- Worauf und auf wen vertraue ich?
- Was bewegt mich und wer gibt mir Kraft?
- Was brennt in mir oder drängt danach, Gestalt zu erhalten?
- Wohin zieht es mich und wonach halte ich Ausschau?
- Was ist unser besonderer Auftrag und welcher Sinn liegt in diesem?

Vision und lesbares Beispiel Auch als Führungsperson erwartet niemand von mir, dass ich auf diese Fragen jedem und zu jeder Zeit Antwort geben kann. Doch die Menschen müssen in der persönlichen Begegnung mit mir und der strategischen Ausrichtung meines Tuns erfahren, dass ich mir der Bedeutsamkeiten bewusst und ernsthaft auf der Suche nach lebbaren Antworten bin. *Beispielhaftes Tun und Sein* sind dabei immer noch die Lehrmeister mit der größten Überzeugenskraft, ohne deshalb die Bedeutung überzeugender Rede und eines planvollen Tuns zu übersehen. Doch damit zukunftsorientierte Möglichkeiten und Visionen Wirklichkeit werden können, brauchen sie die *Lesbarkeit eines überzeugenden Beispiels*, die fassbare und überzeugende Konkretisierung in einem Menschen. Deswegen sind folgende Schritte sehr wichtig, damit der Funke einer zündenden Idee überspringen und aktiv aufgenommen werden kann:

Visionen erfordern Entscheidungen • FORMULIEREN einer klaren Vision in positiven Vorstellungsbildern der Zukunft eines Unternehmens, die das „Sichtbare"

(strategische Ebene) und das „Unsichtbare" (normative Ebene) mit aufnimmt
- PUBLIZIEREN durch klare Information, die Interesse weckt, motiviert und die Bedeutsamkeiten deutlich macht
- KONKRETISIERUNG unter Berücksichtigung der visionären Zielformulierungen in einer transparenten und verständlichen Projektplanung, die sowohl Ressourcen als auch Gefahren erkennen lässt
- VORBILD SEIN UND ZEICHEN SETZEN durch persönliches Engagement und überzeugendes Handeln, um so eine spürbare Begeisterung und Ermutigung zur Gefährtenschaft zu wecken
- KONTROLLIEREN durch die Überprüfung klarer Zielvereinbarungen und eine wertschätzende und wertschöpfende Kommunikation

Die Haupt-Sache Diese Schritte sind wichtige Orientierungshilfen, damit visionäre Ideen auch wirklichkeitsnah und lebbar umgesetzt werden können. Doch eines ist dabei nie aus dem Auge zu verlieren, nämlich die *Hauptsache*: „Hauptsache ist, die Hauptsache bleibt die Hauptsache." Das bedeutet, dass die Vielfalt visionärer Ideen einer hierarchischen Ordnung als auch einer sinngebenden Bewertung bedarf.

Gerade in Zeiten einer Krise, also einer entscheidenden Phase für die Zukunft eines Unternehmens oder einer Organisation, ist die Frage nach der „Hauptsache" eine wichtige Entscheidungshilfe. In solchen Zeiten ist Führung auf besondere Weise gefordert, über den momentanen und häufig kurzfristigen Erfolg hinaus sinngebende Bedeutsamkeiten aufzuzeigen. Eine christlich geprägte spirituelle Führungskultur will *Prin-*

zipien und Werthaltungen, die gleichbedeutend oder, besser gesagt, *„bedeutungserhellend"* sind, neben die berechtigten wirtschaftlichen Ziele stellen. Nicht ohne Grund wählte man vor einigen Jahren als Leitwort einer Veranstaltung für Führungskräfte: „Mit Werten in Führung gehen." Exzellente Führung setzt, dies ist unbestritten, eine differenzierte fachliche Kompetenz voraus. Doch das, was Begeisterung, Motivation und somit letztlich auch Zukunft schenken soll, wächst darüber hinaus auf dem fruchtbaren Boden von:

· Intelligenz: Klugheit
· Instinkt: Gerechtigkeit
· Intuition: Tapferkeit
· Integrität: Maß

Der *hl. Benedikt* legt seinen mit Leitung beauftragten Mitbrüdern in seiner Ordensregel ans Herz: „... im Haus soll niemand verwirrt oder traurig werden." Auch dies ist ein deutlicher Auftrag, wie wichtig ein *normatives Management* ist, das die Lust verschaffende Kraft einer begeisternden Vision *rückbindet* und so erst verantwortlich, gegründet und geerdet möglich macht.

Weisheitstext

Vorbilder

Spirituelle Vorbilder
der Vision

Glaube ist die feste Zuversicht auf das, was wir erhoffen, die Überzeugung von dem, was wir nicht sehen.

Im Glauben empfing Noah Weisung über Dinge, die noch nicht zu sehen waren, und baute fromm und gewissenhaft die Arche zur Rettung seines Hauses.

Im Glauben gehorchte Abraham, als er gerufen wurde, fortzuziehen an einen Ort, den er zum Erbe erhalten sollte, und er zog aus, ohne zu wissen, wohin er komme. Im Glauben ließ er sich nieder im Land der Verheißung wie in einem fremden und wohnte in Zelten mit Isaak und Jakob, den Miterben der gleichen Verheißung; denn er wartete auf die festgegründete Stadt, deren Baumeister und Schöpfer Gott ist.

Im Glauben sind alle diese gestorben, ohne die Verheißung erlangt zu haben. Nur von ferne sahen und begrüßten sie diese und bekannten, dass sie Pilger und Fremdlinge seien auf Erden. Denn die so reden, geben zu erkennen, dass sie eine Heimat suchen.

Hebr 11,1; 7a; 8–10; 13

Wie zahlreiche andere Texte des Evangeliums erinnert auch *Paulus* in diesem Brief an die visionäre Hoffnung des *Abraham*, des Noah und vieler anderer. In hohem Alter, so wird im Alten Testament berichtet, hörte *Abraham* den Ruf Gottes. Von Ihm erhielt er den Auftrag, seine Zelte abzubrechen und aufzubrechen, ohne zu wissen, wohin er kommen, wohin er geführt würde. Wie, durch was und durch wen auch immer wir uns ansprechen lassen und in unserem Inneren ein Traum voller Sehnsuchtsbilder entsteht, letztlich ist unser erster Schritt stets eine Antwort und erwächst nie nur aus uns selbst.

Aufzubrechen und *uns auf den Weg zu machen* ist eine urmenschliche Erfahrung und Geschichte. Aufbrüche und Erkundungen, Forschergeist und Entdeckermut prägen die Jahrtausende unserer Menschheitsgeschichte. Von einer Idee und tiefen inneren Sehnsucht ergriffen, haben sich immer wieder Menschen neue Ziele gesetzt, sich von begeisternden Hoffnungen oder auch konkreten Verheißungen bewegen und entzünden lassen. Wie immer es sich auch konkret ereignet hat, es handelt sich um einen *Ruf*, der dann zur *Berufung* wird, wenn ich *antworte*, wenn ich mich in Bewegung setze und losgehe.

Häufig ist es dabei so, dass vielleicht das *Ziel* in recht deutlichen Bildern Augen und Herz brennen lässt, doch der *Weg* unklar ist. Dies führt dazu, dass es neben der Kraft solcher Bilder auch Unsicherheiten gibt, die Aufbrüche leicht zu Einbrüchen werden lassen. Gerade durch diese Realitäten und die fragile Natur einer Vision bleiben überzeugende Ziele häufig unerreicht oder traue ich meiner eigenen Kraft und den Möglichkeiten meiner Wegbegleiter nicht. Doch, so sagt es uns schlicht *Franz Kafka*: „Wege entstehen dadurch, dass man sie geht."

Ähnlich mag es neben *Abraham* all den vielen Frauen und Männern unserer Weltgeschichte ergangen sein. Den Ruf zu vernehmen schafft allein noch nichts Neues, bringt mich noch nicht zu neuen Ufern oder führt mich noch nicht in das „Land der Verheißung". Den Ruf zu vernehmen und trotz aller Begrenzung und Unsicherheit eine Antwort zu geben, die mich den *ersten Schritt* wagen lässt, dies ist vielleicht das Schwere jedes ersten Schrittes. Doch ohne dieses erste Wagen „geht" es nicht. Wenn auch jedem ersten Schritt Sehnsüchte und Träume vorausgehen, müssen diese noch gewandelt werden in erkennbare Visionen und konkrete Wünsche, bevor ich klare Ziele finde und notwendige Entscheidungen treffen kann. *Abraham* konnte aufbrechen, weil er spürte: „Worauf Gott seine Hoffnung setzt, das wage ich!" Er verspürte also diesen Ruf als Zumutung Gottes. Für *Abraham* kommt dieser Auftrag nicht aus dem Nichts. Er ahnt, dass da jemand in diesem Anruf verborgen ist, der ihm nicht nur Mut macht und ihm auf diesem Weg nicht nur zur Seite steht, sondern ihm selbst zum Auge und zum Fuß wird.

Wir Menschen brauchen jemanden, der sich dort einbringt, wo mir die Kräfte schwinden, ich den Weg verfehle oder das Ziel aus den Augen verlieren könnte. Visionen brauchen somit eine *Gefährtenschaft*, die Sinn und Vertrauen schenkt. Neue Ideen und visionäre Neuausrichtung brauchen eine solche Rückbindung an *sinnstiftende Werte* und von Hoffnung getragene Verheißungen, denn wir Menschen sind nicht unbegrenzt in unserem Denken, Handeln und Sein. Unsere *eigenen Grenzen* jedoch sind die *Chancen für andere* und nicht zuletzt der Lebensraum und Wirkraum Gottes. Dies ist die Botschaft, die Gott uns in *Jesus* zusagt. Die Botschaft des Evangeliums ist jedoch nicht bloße Verkündigung von visionären Ideen und wünschenswerten Zielen. Die Botschaft des Evangeliums ist Verheißung, ja, sie ist Zusage, die nicht nur rückgebunden ist an eine Lehre, sondern an einen „Lehrer", an den Schöpfer selbst.

In den Vereinigten Staaten ist mir vor einiger Zeit der wunderbare Begriff der „*Touch Stones*" begegnet. Damit werden die Werte und Normen, Erfahrungen und Fähigkeiten benannt, die mir auf meinem *Lebensweg Halt geben*. Gerade dann, wenn der Weg unwegsam wird und der Boden, wie und wodurch auch immer, mir unter den Füßen schwindet und ich voller Unsicherheit und Kleinmut umkehren möchte, sind solche „Touch Stones" von tragender Bedeutung. Die „Touch Stones" liegen jedoch nicht immer an der Oberfläche, sie sind nicht immer deutlich und klar zu erkennen, sondern manchmal muss ich genau hinsehen und manchmal auch in der Tiefe nach ihnen suchen.

Um sowohl die Frage nach der Bedeutung meiner zündenden Idee für andere als auch die Frage nach dem, was mir auf diesem Weg an Ressourcen und Möglichkeiten zur Verfügung steht, beantworten zu können, muss ich nach den „Touch Stones" meines Lebens Ausschau halten. Auch in meinem beruflichen Alltag und all den vielen Anforderungen meines Lebens sind die „Touch Stones" niemals nur die fachlichen und sachlichen Qualitäten und Kompetenzen. Unbestritten sind sie wichtig, und doch sind es gerade auch die beziehungs- und sinnorientierten Qualitäten, die dann Zuversicht und Hoffnung schenken, wenn ich auf meinem Weg den Strömungen des Widerstandes nicht mehr ausweichen kann, sondern sie durchschreiten muss. Führungsaufgabe ist somit nicht nur das Wahrnehmen und Entdecken zukunftsweisender Notwendigkeiten und das Entwickeln neuer Ideen, sondern immer auch und vor allem die gemeinsame Weggestaltung und Wegbegleitung.

Zitate und Aphorismen

Es geht nicht darum, etwas Bemerkenswertes zu leisten,
sondern gewöhnliche Dinge mit der Überzeugung
von ihrem gewaltigen Wert zu tun.
PIERRE TEILHARD DE CHARDIN

Die Gedanken, die wir denken, gestalten unsere Zukunft.
VERFASSER UNBEKANNT

Wir werden nicht durch die Erinnerung
an unsere Vergangenheit weise,
sondern durch die Verantwortung für unsere Zukunft.
GEORGE BERNARD SHAW

Wie er (Gott) wirklich ist, kann man nur sehen, wenn man mit
ihm unterwegs ist. Wer ihn bloß anstarrt, sieht zu wenig von ihm.
Und wer ihm nicht nachgeht, verliert ihn aus den Augen. Man
muss mit ihm gehen, um ihn zu sehen, wie er ist. Nur wer mit ihm
geht, dem klärt er sich auf.
JOSEF DIRNBECK

Wege entstehen dadurch, dass man sie geht.
FRANZ KAFKA

Um einen Prinzen zu finden,
muss mancher Frosch geküsst werden.
VERFASSER UNBEKANNT

Was immer du denkst und wünschst und träumst – es geht nicht
ganz verloren; es kann mitbestimmend sein für das, wie jene, die
nach dir kommen, leben. Dein Denken und Sehnen leg hinein in

das Leben der nächsten Generation. Das Gute, das du nicht träumst,
das Friedliche, das du nicht wünschst, wird denen fehlen,
die morgen die Erde bewohnen.

ALBERT L. BALLING

Manchmal scheint uns alles falsch und traurig,
wenn wir schwach und müd in Schmerzen liegen.
Jede Regung will zur Trauer werden.
Jede Freude hat gebrochne Flügel,
und wir lauschen sehnlich in die Weiten,
ob von dorther neue Freude käme.

Aber keine Freude kommt, kein Schicksal,
je von außen her zu uns.
Ins eigene Wesen müssen wir,
vorsichtige Gärtner, lauschen,
bis von dort mit Blumengesichtern
neue Freuden wachsen, neue Kräfte.

HERMANN HESSE

Geh zu den Menschen, lebe mit ihnen – lerne mit ihnen – liebe sie,
beginne mit dem, was sie haben. Aber von den besten Führerinnen
und Führern, wenn ihr Ziel erreicht und die Arbeit getan war,
haben alle Leute gesagt: Wir haben es getan.

CHINESISCHE WEISHEIT

Ich wünsche dir, dass dich das Feuer des Heiligen Geistes täglich
neu mit Mut und Lebenslust, mit Kraft und Phantasie entzündet,
dass du aus einer unerschöpflichen Lebendigkeit heraus deine
Träume verwirklichen kannst, um ganz du selbst zu sein, auch
für andere, und dass sich dein Leben darin sinnstiftend erfüllt.

CHRISTA SPILLING-NÖKER

Alles hat seine Zeit
Auch die Zeit der Wüste,
das Leiden am Mangel
und das Gefühl von Trostlosigkeit
haben ihren Sinn.
Der Weg führt
– durch die Wüste hindurch –
in neues Land,
wo jeder satt wird
in seinem Lebenshunger
und jede Sehnsucht
gestillt wird.
Auch du
bist auf dem Weg
dorthin.
Ich wünsche dir,
dass dich in der Nacht
ein Engel leise berührt,
dass er helle Bilder
in deine Träume senkt
und dich mit den
Quellen des Lichts
in deiner Seele
in Berührung bringt,
damit die Zukunft
dir mit Freude
und Frieden
entgegenströmt.
CHRISTA SPILLING-NÖKER

Weiterführende Gedanken

Wenn von Hoffnungsbildern und Visionen gesprochen wird, denken wir meist an die Optimierung von Organisation und Handlungsabläufen. Ein weiterer Gesichtspunkt ist dabei sicherlich auch die Erarbeitung zukunftsorientierter Entwicklungen auf der Sachebene und mögliche neue Dienstleistungen. Von diesen Gedanken ausgehend, möchte ich folgende Frage formulieren.

Welche wünschenswerten Entwicklungen oder auch neuen Ideen beschäftigen Sie bereits seit längerer Zeit?

Formulieren Sie in einem ersten Schritt Ihre *brennendste Vision* möglichst konkret. Nehmen Sie dabei nicht nur die sachlichen Ziele auf, sondern benennen Sie auch ihre emotionalen Anteile und sinngebenden Aspekte.

In einem weiteren Schritt sammeln Sie die positiven *bisherigen Erfahrungen und Rahmenbedingungen*, die Ihre Vision stützen.

Hilfreich wird es ebenso sein, folgender Frage Aufmerksamkeit zu schenken:

Warum sind Sie davon überzeugt, dass gerade dieses Projekt Erfolg verspricht und auch bei anderen Begeisterung auslösen kann?

Vielfältige Erfahrungen zeigen, dass ein klar formuliertes Ziel, rückgebunden an eine lebendige Unternehmensphilosophie, nur Aussicht auf Erfolg hat, wenn es in eine *realistische Projektbeschreibung* übertragen wird. Ein etwas anderer, jedoch interessanter und motivierender Weg ist der, die Projektierung nicht auf das Ziel hin, sondern ausgehend vom Ziel bis zum allerersten Schritt zu entwickeln. Hierbei sind sowohl die inhaltliche und zeitliche Dimension als auch die Verantwortlichkeit sowie die zu erwartenden Widerstände und Ressourcen möglichst umfassend zu benennen. Im Verlauf eines solchen Vorgehens wird deutlich, wo welche Zwischenschritte notwendig sind, um dann das angestrebte Ziel auch tatsächlich zu erreichen, ohne der Versuchung zu unterliegen, dieses frühzeitig zu verändern oder gar aus dem Auge zu verlieren. Ich möchte diesen Gedanken mit den nun folgenden Überlegungen noch einmal bewusst an das Thema der Werte, des tragenden Grundes, zurückbinden und Sie ermutigen, sich selbst auf die Entdeckungsreise nach Ihren „*Touch Stones*" zu begeben.

Jeder Weg beginnt mit dem ersten Schritt. Auch für die Realisierung von Zukunftsbildern und Visionen gilt dies, wenn sie Wirklichkeit werden sollen. Ich möchte diesen Gedanken in das Bild einer *Wanderung*, eines Weges übertragen und aus diesem Bild heraus einige Fragen formulieren.

Wanderwege und Reiserouten, dies ist ihr Wesen, sind von sehr unterschiedlicher Beschaffenheit. Es gibt sehr unterschiedliche Wegführungen, und der Reiz einer Wanderung liegt immer auch im *Wechsel* der Sichtweisen und Aussichten. Genauso wird auch unser Lebensweg vom Wechsel mitbestimmt. Genauso ist die Verwirklichung einer zündenden Idee und Vision teils dem Laufen in der Ebene, teils dem mühsamen Aufstieg gleich. Es gibt übersichtliche Teilstrecken und auch solche, deren Verlauf nicht vorhersehbar ist. Die Unterschiede der Bodenbeschaffenheiten und sicher auch das ein oder andere Hindernis, bis hin zur Überquerung von Bächen oder Flussläufen, sind weitere Merkmale eines Weges. Immer da, wo Achtsamkeit und besondere Aufmerksamkeit erforderlich sind, damit ich den Weg und die Richtung nicht verfehle, sind mir Berührungs- und Orientierungssteine, die „Touch Stones" eine wichtige Hilfe. Sie geben Halt. Diese „Touch Stones" meines Lebens zu suchen und um ihre Lage zu wissen, ist für jedes Unternehmen von großer Bedeutung, weil sie den Weg gangbar auf das Ziel hinführen.

Sicher sind die „Rolling Stones" weitaus bekannter als die „Touch Stones" unseres Lebens. Und doch sind diese wichtiger als jene. So möchte ich an dieser Stelle fragen:

Welche „Touch Stones" konnten Sie bereits in Ihrem Leben entdecken?

Was gibt Ihnen Orientierung und Sicherheit in den Unsicherheiten, die nun einmal zu Neuaufbrüchen gehören?

Welche „Touch Stones" liegen auf dem Grund Ihres Unternehmens und welche würden Sie gerne legen?

Vielleicht ermutigt Sie diese Suche und lässt Bilder in Ihrem Innern entstehen, die Ihnen Lebensfreude vermitteln. Die abschließenden Weg-Gedanken mögen Sie dabei begleiten.

Weg-Gedanken
Gesagt heißt nicht immer gesagt,
gesagt heißt nicht immer gehört,
gehört heißt nicht immer verstanden,
verstanden heißt nicht immer einverstanden,
einverstanden heißt nicht immer angewendet,
angewendet heißt nicht immer beibehalten.
KONRAD LORENZ

Systemmanagement
Leitbild und Unternehmenskultur

Mit Werten auf dem Weg sein

Man geht nie weiter,
als wenn man nicht mehr weiß,
wohin man geht.
JOHANN WOLFGANG VON GOETHE

Zum Einstieg

Die Geschichte von der Samenhandlung

Ein junger Mann ist ganz bewegt von den Sorgen und Nöten seines Lebens und dieser Welt. Er macht sich äußerst viele Gedanken und sinnt immer wieder darüber nach, welche Möglichkeiten der Lösungen es für alle die großen Fragen wohl geben könne. Während eines Spazierganges kommt er an einem Geschäft vorbei, das in seiner Auslage mit dem Spruch wirbt: Wir führen alles!

Hocherfreut tritt der junge Mann in das Geschäft ein und geht zur Verkaufstheke. Ein älterer Mann kommt auf ihn zu und fragt ihn nach seinen Wünschen. Der junge Mann antwortet ihm: „Nun, ich habe gelesen, dass sie hier alles führen und verkaufen. Stimmt das?" „Ja, so ist es!", antwortet ihm der ältere Herr lächelnd.

„Also dann hätte ich gerne den Weltfrieden, das Ende des Hungers, die Gleichberechtigung aller Menschen, ökologische Gerechtigkeit, den ..."

„Halt, halt!", unterbricht ihn der ältere Mann freundlich: „Ich glaube, Sie missverstehen etwas. Wir verkaufen hier keine fertigen Produkte. Wir sind eine Samenhandlung!"

Quelle unbekannt, Text verändert

Und die Moral von der Geschichte?

(Management-)Reflexionen

Was ist eigentlich „Unternehmenskultur"?

| Unternehmenskultur? | Die Unternehmenskultur oder *Corporate Identity* (CI) basiert auf einer Unternehmensphilosophie und stellt die Fragen: |

- Wer sind wir?
- Wer wollen wir künftig sein?
- Wie wollen wir von wem wahrgenommen werden?
- Wie wollen wir wem begegnen?

Es geht also in der Unternehmensphilosophie um die Quellen, das Selbstverständnis, den Auftrag und die Vision eines Unternehmens. Die CI differenziert sich in *Corporate Communication* (CC), *Corporate Behavior* (CB) und *Corporate Design* (CD), die sich wechselseitig durchdringen. In der Unternehmenskultur geht es dabei vor allem um die „*Art und Weise wie*", also „wie" in einem Unternehmen nach innen und außen kommuniziert, informiert und gehandelt wird und wie sich ein Unternehmen in seinen wahrnehmbaren Formen ausdrückt und zeigt.

Und was ist ein „Leitbild"?

| Leitbild? | Ein Leitbild stellt die *Quintessenz* oder das *Grundgesetz* eines Unternehmens bzw. einer Institution dar. Es dient vor allem der |

Orientierung, Motivation, Innovation und Legitimation. Das Leitbild ist also eine Art Kurzform, um ein Unternehmen oder eine Institution wesentlich zu charakterisieren. Es beinhaltet die maßgeblichen Werte und Ziele oder das Grundgesetz, durch das sich ein Unternehmen bzw. eine Institution in seiner Identität definiert. Als Inhalte des Leitbildes sind neben Werten und Zielen vor allem Themen, Strategiefragen, Kommunikations-, Kooperations-, Qualitäts- und Kunden-Konzepte anzusprechen.

Das Leitbild gibt den Menschen Visionen und Ziele, Werte und Maßstäbe. Es orientiert sie in ihrem täglichen Handeln. Manchmal fragen Unternehmensberater: Können Sie definieren, was Ihr Unternehmen „ticken" lässt? Die Antwort ist klar: Ein Leitbild, das die Menschen zu leben suchen. Das Leitbild also ist das *Herzstück* des Unternehmens und ein Wegweiser in die Zukunft. Es ist das, was *Profil* verleiht. Und in einem Unternehmen, das dem Christentum verpflichtet ist, ein *christlich-spirituelles Gütesiegel*.

Hauptfunktionen des Leitbilds

Die Hauptfunktionen des Leitbildes sind *Orientierung* (Kompass- und Navigationsfunktion), *Motivation* (Begeisterung und Stimulation), *Legitimation* (Konfliktsenkung und Integration) und *Innovation* (Impulsgebung und Veränderungsorientierung). Ein Leitbild, das mit Leben erfüllt wird, wirkt schließlich fast wie ein Autopilot, der tendenziell zu einer impliziten Verhaltenssteuerung führt. Damit der Verhaltenskodex aber auch wirklich von allen mitgetragen wird, müssen sich prinzipiell alle mit dem Leitbild als ihrem Leitbild *identifizieren* können. Es darf nichts Fremdes und von außen oder „oben" Verordnetes sein.

Damit das Leitbild wirklich das *eigene* Leitbild ist, bedarf es eines demokratischen Leitbildprozesses. In ihm wird der Auftrag zur Leitbildgewinnung zwar von der Hierarchiespitze gegeben und die Ergebnisse auch durch sie geprüft. Erarbeitet werden aber muss ein Leitbild von denen, für die es ein Leitbild sein soll, von allen Mitarbeitern. Die Menschen wollen spüren, dass es „ihr Baby" ist. In diesem Sinne muss der Leitbildprozess ein komplexes *Gegenstromverfahren* sein, indem der Prozess simultan „bottom up" und „top down" organisiert und nicht nur alle Beteiligten zu Betroffenen, sondern vor allem alle Betroffenen zu Beteiligten gemacht werden.

Kunden- und Menschenorientierung

Ein Leitbild ohne strikte *Kundenorientierung* ist nicht lebensfähig. Strikte Kundenorientierung bedeutet, dass der Kunde der letzte und eigentliche Arbeit- und Geldgeber der Mitarbeiter ist. Darum bedeutet strikte Kundenorientierung auch, dass der Kunde „*König*" ist, wenn auch nicht der liebe Gott. Entsprechend muss sich jeder Mitarbeiter als Berater, Helfer und Unterstützer seines Kunden verstehen. Die entscheidende Anfrage des Kunden an jeden Mitarbeiter lautet: Biete mir Nutzen/Sinn/Hilfe. Daher muss man sich in die Lage des Kunden versetzen, mit seinen Augen sehen, sich auf seinen Stuhl setzen, in seinen Schuhen laufen und aus seiner Sicht die Anforderungen formulieren. In diesem *Perspektiventausch* erschließt sich die Anknüpfbarkeit der eigenen Dienstleistungen an die

Bedürfnisse und Lebensorientierungsfragen der Dienstleistungsnehmer.

Menschenorientierung Der Begriff der Kundenorientierung kann und soll kein Begriff sein, der andere Bezeichnungen *verdrängt*. Er ist kein Konkurrenz-, sondern ein *Ergänzungsbegriff*. Er darf darum auch nicht beispielsweise den „Patienten" oder „Bewohner" durch den Begriff des externen Kunden oder den der „Mitarbeiter" durch den des internen Kunden *ersetzen*. Der Begriff des Kunden macht allerdings deutlich darauf aufmerksam, dass da jemand ist, der *auch* als gleichberechtigter (Geschäfts-)Partner auftritt, um eine Leistung in bestmöglicher Qualität, zuvorkommend und wertschätzend, zu erhalten. Dabei ist der Kunde nie eine Störung oder Unterbrechung unserer Arbeit. Er ist vielmehr ihr Sinn und Zweck. Er ist der Grund dafür, dass es unsere Arbeit gibt.

Ein Leitbild, das die Unternehmenskultur repräsentiert, muss darüber hinaus regelmäßig nach innen und außen kommuniziert werden. Die Kommunikation nach außen (und innen) bedient sich dabei unter anderem des *Marketings* und der *Öffentlichkeitsarbeit*.

Leitbild in einer christlichen Einrichtung

Spirituelle Orientierung Das Spezifikum oder Proprium eines Leitbildes christlicher Einrichtungen muss sich als Synthese aus ihren Quellen und ihrer Kunden-/Menschenorientierung definieren. Das Leitbild definiert also den Auftrag dieses Unternehmens im Lichte der christlichen Quellen und gibt damit der spirituellen Dimension einen normativ verankerten Ort. Dieses *normative Management*, in dem die Werte und Normen, die für das Unternehmen maßgebend sind, festgehalten werden, ist der *Quellort der institutionellen spirituellen Orientierung.*

USP und EVA

Wir leben in einer konkurrenzintensiven und oftmals marktgesättigten Zeit, in der die spezifischen Differenzen von Leistungen nivelliert werden. Dies gilt auch beispielsweise, cum grano salis, für Einrichtungen im Gesundheitswesen, die vielfach von christlichen Trägern betrieben werden. Wo könnte nun das Spezifikum oder Proprium, das unverwechselbare Profil, die Unique Selling Proposition (USP), die „EVA", das einzigartige Verkaufsargument, der christlichen Einrichtungen liegen? Was kann die Unterscheidbarkeit von der Konkurrenz, das Alleinstellungsmerkmal und die Besonderheit charakterisieren?

Die Gefahr von so genannten Lückenanalysen (vernachlässigte Zielgruppen, Defizite im vorhandenen Sortiment, Finden neuer Märkte oder Geschäftsfelder) liegt in der möglichen Begrenzung des Auftrages oder der „Schieflage" des emotionalen oder kognitiven Profils. Es käme also nicht primär darauf an, besondere religiöse Produkte anzubieten. Der christliche Auftrag ist *universal* angelegt, natürlich ohne dass dies Lückenanalysen und Schwerpunktsetzungen ausschließt. Denn ohne Frage nimmt sich gerade das Christentum der Ausgestoßenen, Schwachen, Benachteiligten, Armen, Ausgegrenzten, Hoffnungslosen und Leidenden an.

Orientierung an Christus

Der universalen Ausrichtung wird man allerdings am besten gerecht, wenn die erhobenen Kundenbedarfe mit dem Auftragsselbstverständnis abgeglichen und in den Kontext der eigenen Quellen gerückt werden. Das Scharnier zwischen diesen Aspekten bzw. ihr verbindender Begriff könnte z. B. der der „christozentrischen Anthropologie" sein, in der sich Leben und Lehre Jesu verdichten. Das *Christentum* ist seiner Wurzel nach die *Begegnung mit einer Person und ihrer heilenden Praxis*. In der Heilspraxis Jesu zeigt sich Gottes grenzenlose Liebe.

Die Ehre Gottes ist der lebendige Mensch (*Irenäus von Lyon*). Das Leben des Menschen vollzieht sich als geheimnisvoller Weg inmitten von Schuld, Leid, Endlichkeit, Liebe und Tod, heils- und erlösungsbedürftig, entfremdet und widersprüchlich. Der Mensch erfährt sich als große Frage. Die Befreiung aus Unheilssituationen und Angst und zu Lebendigkeit, Heilung und Heiligung zeigt das Christentum als eine zutiefst *therapeutische* Religion, die entängstigen und zum Leben ermutigen will. Es ist umfassendes und universales Heil, das den ganzen Menschen ergreift und an alle Menschen ergeht. Der Mensch ist in dieser Sicht nicht allein der Weg der Kirche (*Johannes Paul II.*), sondern auch auf spezifische Weise der der christlichen Einrichtungen, die den ihnen anvertrauten Menschen entsprechende *spirituelle Weg-Begleitung* geben sollen.

Aus dieser *Sicht* heraus zu denken und zu handeln, erzeugt eine neue, andere Form der Motivation, Orientierung und Einbindung der eigenen Aktivitäten. *Die leitbildorientierte Arbeit ist also geleitet von einer bestimmten Auffassung des Menschen*, seiner Stellung in der Welt, seiner Aufgaben im Leben sowie der Möglichkeiten, die er noch nicht lebt und die sie mit dem aktuell-konkreten Gesicht der Kundenbedarfe verbindet. Auf diese Weise werden Potentiale entfaltet, wird Heilwerden ermöglicht und werden verantwortungsbewusste Perspektiven und die Befähigung zum Selbst-Denken und Selbst-Leben vermittelt.

Anders-Sein

So gewinnt die leitbildorientierte Arbeit ein doppeltes Profil: Sie bietet *punktuell anderes* an als andere. Sie bietet jedoch generell nichts anderes an als andere, aber sie bietet es *anders* an, d. h. im Lichte ihrer Grundlagen und Quellen, anders motiviert und verankert. Dieses „*Andere*", zugleich ein mystischer Terminus für Gott als Geheimnis des Menschen und der Welt, sichtbar zu machen, ist vor allem ein Thema der Qualifikation der Anbieterseite, der Öffentlichkeitsarbeit und des symbolischen Marketings und über allem: des persönlichen Vorlebens.

Mit dem Punkt des persönlichen Vorlebens kommen wir zurück zu unserem Ausgangspunkt im ersten Kapitel, dem Führen der eigenen Person. Wir können diesen Zusammenhang durch zwei Zitate von *Jack Welch* veranschaulichen, die unmissverständlich an die Verantwortung insbesondere der Führungskräfte und ihrer Wertorientierung appellieren:

Wir müssen ein Umfeld schaffen, in dem die Menschen es wagen, neue Wege zu gehen.

Das Nicht-Vorleben unserer Werte ist Grund für Entlassung – auch wenn die Ziele erreicht wurden.

Wie die Geschichte von der Samenhandlung deutlich macht, fängt alles klein und unscheinbar an. Erst muss man säen. Gutes Saatgut ausstreuen. Das *Saatgut der Unternehmenskultur*, verdichtet im Leitbild, sind die *Werte und Visionen*. Dieses Saatgut muss man miteinander teilen, auswerfen, leben, in der Alltag bringen, gießen und allmählich zum Wachsen bringen. Dafür braucht es *Fürsorge, Durchhaltewillen und Geduld*. Mit der Zeit wächst dann aus der Frucht eine Kultur hervor, die stets weiter gepflegt werden muss und mit der es sich leben lässt. Auch hier gilt wieder der Satz *G. B. Shaws*: Die besten Reformer der Welt sind die, die bei sich selbst beginnen. – Das Wunder beginnt stets an der eigenen Nasenspitze, und es ist Arbeit, ein geduldiges Sich-Verwandeln, ein Reifen und Wachsen, bis die Kultur im eigenen Herzen aufgegangen ist.

In diesem Sinne schreibt *Rilke* in seinen Briefen an einen jungen Dichter:

Wachsen – Reifen – Sich verändern

Lassen Sie Ihren Urteilen die eigene, stille Entwicklung, die, wie jeder Fortschritt, tief von innen kommen muss und durch nichts gedrängt oder beschleunigt werden kann. Alles ist austragen und dann gebären … Reifen wie der Baum, der seine Säfte nicht drängt und getrost in den Stürmen des Frühlings steht ohne die Angst, dass dahinter kein Sommer kommen könnte. Er kommt doch. Aber er kommt nur zu den Geduldigen, die da sind, als ob die Ewigkeit vor ihnen läge, so sorglos, still und weit … Forschen Sie jetzt nicht nach Antworten, die Ihnen nicht gegeben werden können, weil Sie sie nicht leben könnten. Und es handelt sich darum, alles zu leben. Leben Sie jetzt die Fragen. Vielleicht leben Sie dann allmählich, ohne es zu merken, eines fernen Tages in die Antworten hinein.

Zitate und Aphorismen

Alles, was du anderen gibst, bleibt dein;
was du aber behältst, das ist verloren.
SCHOTA RUSTAWELI

Nur dem hilft Gott, der alle Kraft in sich selbst aufbietet.
HELMUTH VON MOLTKE

Was für eine Philosophie man wähle, hängt davon ab,
was für ein Mensch man ist.
JOHANN GOTTLIEB FICHTE

Eine Kultur beruht auf dem,
was von den Menschen gefordert wird,
und nicht auf dem,
was sie geliefert erhalten.
ANTOINE DE SAINT-EXUPÉRY

Wenn das Leitbild nicht nur Dekoration ist,
wird es den Menschen beteiligen
und in seine Mitte stellen.
EDUARD ZWIERLEIN

Ein Unternehmen, das sich entwickelt,
braucht alle fünfzehn bis zwanzig Jahre
so etwas wie eine kleine Kulturrevolution.
ALFRED HERRHAUSEN

Wenn über das Grundsätzliche keine Einigkeit besteht,
ist es sinnlos, miteinander Pläne zu schmieden.
KONFUZIUS

Es gibt kein besseres Mittel,
in dem Menschen das Gute zu wecken,
als sie so zu behandeln,
als wären sie schon gut.
GUSTAV RADBRUCH

Nachbetrachtungen und Exkurse

MENSCHEN SIND WIE FENSTER, SIE GEBEN AUSSICHT

UND SCHENKEN EINSICHT.

ULRICH SCHMITZ

Weise ist derjenige, der seinen Blick offen hält
für die Tiefe des Lebens.
PETER WUST

Wie in der Einleitung verdeutlicht, ist das Buch auch die Reise zweier Autoren miteinander in das Gespräch zum Thema „Management und Spiritualität".

Zum Ausklang nehmen beide noch einmal die Gelegenheit wahr, das Echo zu hören, zurückzuschauen und einige Anmerkungen zu machen.

Ulrich Schmitz

Ein kleiner Blick zurück

Ist es überhaupt möglich oder, anders gefragt, welchen Sinn kann es geben, so viel niedergeschriebenes Herz- und Gedankengut noch einmal zu bedenken?

Es geht vielleicht um ein verändertes Hören, um ein *zweites Hören*. Es geht um das Hören des Gemeinsamen und das Bedenken des noch Fremden. Führungsarbeit bedeutet eben nicht, alles zu hören, alles zu wissen und alles zu können, sondern verlangt immer die Bereitschaft, zur rechten Erkenntnis und guten Entscheidung finden zu wollen.

Exzellente Führung fordert dieses mehrfache Hinhören, um neue Klänge in der Vielfalt des Vertrauten wahrnehmen zu können. Schon an diesem Beispiel der Gabe des rechten Hörens wird deutlich, dass ich selbst als Führungskraft für die Wirkkraft meiner Führungskompetenz verantwortlich bin. Eine erste, für mich zentrale Führungsaufgabe ist es, zu erkennen, dass sich am Ende meines Armes eine Hand befindet, deren Möglichkeiten ich nicht übersehen darf, wenn ich nach helfenden Händen Ausschau halte. Bereits hier, bei dem Erkennen der *eigenen* Handfertigkeiten und Handlungsfähigkeiten, beginnt exzellente Führung. Die besten Reformer sind die, so hörten wir es, die bei sich selbst beginnen. Dies ist kein großes Geheimnis, aber erfordert große Anstrengung. Geerdete Spiritualität, so führen mich diese Gedanken weiter, ist in diesem Sinne der unüberhörbare Ruf innezuhalten, um aus dem liebenden Anschauen meiner selbst bereit zu sein, immer wieder zu lernen.

Exzellente Führung kann also nie ausschließlich selbstloses Tun sein, sondern verlangt förmlich danach, mich selbst ganz bewusst mit meinen Fähigkeiten ins Spiel zu bringen. Gerade die Gegenüberstellung von *Leiten und Führen* bietet eine hervorragende Möglichkeit, das eigene Führungsverständnis klar zu definieren und das persönliche Führungsverhalten zu reflektieren, um Gelerntes und zu Lernendes deutlicher unterscheiden und erkennen zu können. Sicherlich ist gerade die persönliche Entwicklung, also das Umdenken und Verändern meines Tuns, eine der größten und schwierigsten Anforderungen, doch letztlich ein wunderbares Geschenk für das Leben und unerlässlich für exzellente Führung.

Was uns im Innern bewegt, prägt unser *kommunikatives Handeln*. Diese nicht neue Erkenntnis wird in der „Hammergeschichte" von *Paul Watzlawick* sehr anschaulich dargestellt. Rechtzeitig geäußerte innere Befindlichkeit hilft, dies zeigt unsere „Bildgeschichte", unnötige Konflikte zu vermeiden. Doch wie so oft, das einfach Scheinende ist meist eher schwer. *Gute Fragen*, die Interesse und Respekt vermitteln, können dazu einladen, in Beziehung zu treten und sich zu äußern. In einem wunderbaren Wort weist *Erich Kästner* auf diese Bedeutsamkeit guter Fragen hin, wenn er sagt: „Die Fragen sind es, aus denen das, was bleibt, entsteht."

Jede Beziehung, dies lehrt das Leben, lebt vom Dialog, ist Austausch von Gedanken, Ideen und auch meinem inneren Gestimmtsein. Gute Kommunikation lässt sich jedoch nicht verordnen und lässt sich nicht einfach einfordern, sondern entwickelt sich. Dabei birgt unser Leben unendlich viele Fragen, die eine Antwort wollen. Dies können wir bei Kindern in den ersten Lebensjahren intensiv erleben. Doch genauso beobachten wir und erleben es auch an uns selbst, dass es *lebenslange Fragen* gibt, also Fragen, deren letzte Antwort Geheimnis bleibt und die von uns nicht abschließend zu beantworten sind. Auch in unserem Führungsalltag begegnen uns solche Fragen, die wir trotz allem Sachverstand nicht zu einer abschließenden Lösung führen können. Mit offenen, unbeantworteten Fragen leben lernen ist auch eine Führungsaufgabe, weil wir uns sonst selbst unter den falschen Druck setzen, für alles eine Antwort haben zu müssen. Antworten können wir eben nicht immer selbst geben, sondern Antworten werden uns häufig geschenkt, werden uns ins Herz gesenkt.

Eine wichtige Führungsaufgabe ist die Entwicklung einer Kommunikation, die das Innen und Außen des Menschen in Beziehung setzt. Gute Kommunikation ist darüber hinaus die Gabe, zu erkennen und in meinem Sein und Tun zum Ausdruck zu bringen, was mich mir selbst, dem Gegenüber und auch einem erstrebenswerten Ziel näher bringen könnte. Sicherlich genügt es nicht, einfach sagen zu können: „Wie gut, dass wir darüber gesprochen haben, auch wenn es mich oder uns nicht weitergeführt hat!" Doch selbst „das Im-Gespräch-Bleiben" kann in bestimmten Situationen schon ein sehr bedeutsamer Schritt sein. Vielleicht ist das Wort von *Karl Jaspers* – „Dass wir miteinander reden können, macht uns zu Menschen" – eines der Schlüsselworte menschlichen Lebens. Im Anfang war der Logos (das Wort) und der Logos war bei Gott und Gott war der Logos. Und der Logos wurde Fleisch und wohnte unter uns, teilt uns der *Johannes*-Prolog mit. Ein großartiger und geheimnisvoller Hinweis, der uns sagen will, welch eine wandelnde

Kraft im Wort verborgen ist, wenn wir uns wirklich hineinbegeben in das Leben.

Wenn wir auf das Thema „*Team*" schauen, ist es dann nicht wirklich so, dass die Erfahrung, Teil eines Ganzen zu sein, Zufriedenheit und ein zutiefst seinerfülltes Dasein schenkt? Es klingt so einfach und ist doch schwierig, ein wirklich gutes Team zu bilden und sich als Team zu finden. Doch damit, dass wir die Finger in die Team-Wunden legen, beginnt ja jeder Heilungsprozess. Erst nach einer klaren Wund- und Symptomerkennung kann eine gezielte Wundbehandlung und fachliche Therapie erfolgen, um Heilung zu ermöglichen. Mir kommt die Frage in den Sinn, was es mir denn schwermachen könnte und wo ich für mich Widerstände spüren würde, damit ich mich wirklich als Teil eines Ganzen nicht nur fühlen könnte, sondern dies auch mit Überzeugung sein wollte. Meine Gedanken führen mich dabei rasch zum ersten Kapitel und mir wird bewusst, dass ich *um mich selbst wissen* muss, um mich mit all meinem Sein in ein Ganzes einbringen zu können. Je mehr ich in einen persönlichen Selbststand gefunden habe, desto mehr werde ich bereit sein, mich selbst in ein „Ganzes" einzufügen. Das heißt konkret, damit sich ein starkes Team bilden kann, muss ich mich selbst mit meinen Möglichkeiten, Fähigkeiten und Grenzen kennen und zu erkennen geben. *Teamführung* bedeutet somit auch, dem Einzelnen *Hilfen zur Selbsterkenntnis* anzubieten. Erst dann werden wir Menschen befähigt und in der Lage sein, uns so einzubringen, dass nicht wir selbst Mittelpunkt sind, sondern *als Teil eines Ganzen auf das Ganze zugehen* können.

Darüber hinaus wird mir erneut bewusst, dass Teammanagement eine andauernde Aufgabe und ein nie endender Prozess ist. Ein gutes Team, auch dies wird deutlich, braucht Überschaubarkeit und Beziehungsfähigkeit, Durchschaubarkeit und offene Kommunikation nach innen sowie die Ausrichtung auf ein gemeinsames Ziel. Ein gutes Team darf nie nur für sich da sein, sondern ist immer ausgerichtet auf ein gemeinsames Ziel. Der Satz von *Martin Buber* – „Mit sich beginnen, aber nicht bei sich enden, bei sich anfangen, aber sich selbst nicht zum Ziel haben" – bündelt all diese Aspekte noch einmal auf vortreffliche Weise.

Ein exzellentes Team besteht somit nicht aus vielen Gleichen, sondern aus vielen Unterschiedlichen, die jedoch gemeinsam Gemeinsames suchen und wollen. Etwas als wichtig und erstrebenswert erkannt und dabei die eigenen Möglichkeiten realistisch berücksichtigt zu haben führt mich selbst rasch an *Grenzen*, weil ich ich bin. Die besondere Chance eines Teams besteht in der *Grenzerweiterung*, weil neben mir jemand ist, der dort ansetzen kann, wo mir die Kraft fehlt oder meine Möglichkeiten enden. Vielleicht ist es im Leben wirklich so, vielleicht ist es ein Lebensprinzip – Leben entsteht nur durch Teilung und kann nur fortbestehen in der Ergänzung. Ein wunderbares Geheimnis und doch oft so unendlich schwer, wenn da nicht jemand ist, der sich in alles Trennende hineingibt und selbst Unüberbrückbares letztlich zusammenführt.

Die These, *Ordnung* ist das halbe Leben, wird in den Ausführungen des Kapitels über die *Organisation* mit sehr differenzierter Argumentation bestätigt. Ordnung ist wichtig. Ohne Regeln, die das Zusammenspiel ordnen und auch in kritischen Situationen die Leitkultur vorgeben, kann keine Organisation wirklich dauerhaft Erfolg haben. Doch ebenso wenig darf all das außer Acht gelassen werden, was verborgen und versteckt, informell und oft auch unbewusst jedes Tun und Sein einer Organisation mitbestimmt. Hier stellt sich die entscheidende Frage: Wie kann man sinnvoll und erfolgreich auf die *energiegefüllte, lebendige Unterwelt der Organisation* einwirken? Eine Antwort darauf erfordert einen wachen Blick und das Wissen um die prägenden Zusammenhänge psychischer Bestimmtheit und Gestimmtheit unseres *Unbewussten*. Erst dann werde ich in der Lage sein, auf angemessene Weise und unter Achtung der Person diese „verborgenen Welten" so sichtbar und einsichtig zu machen, dass ihre innewohnende Produktivität und Kreativität freigesetzt werden.

Wichtig ist auch die *Symbolkraft starker Bilder und Zeichen.* Diese Erfahrung machen wir ja bereits durch die vielen unaufdringlichen Symbole, die uns Orientierung und Hilfe im Alltag geben. Wenn wir dann in die Bibel schauen, so begegnen uns auch dort häufig starke Bilder mit hoher Symbolkraft. *Jesus* selbst gebraucht Geschichten und Erzählungen (Gleichnisse), um Wesentliches und Wertschöpfendes für das gemeinschaftliche Miteinander deutlich zu machen. Da sind die Gleichnisse vom barmherzigen Vater, vom Zöllner und Sünder oder auch das Bild vom Weinstock, um nur einige zu nennen.

Jede gute Führungspersönlichkeit weiß um die Kraft gerade solcher Bilder, Symbole und zeichenhafter Realitäten. Wie ein Wasserzeichen im Papier prägen sie sich uns tief ein und können eigene Verhaltensmuster auch unbewusst mitbestimmen. So wie ich das Wasserzeichen im Papier erst erkenne, wenn ich es ins Licht halte, so ist dies auch mit symbolischen Prägezeichen. Erst wenn ich sie in mein Bewusstsein hebe, sie mir wirklich „vor Augen halte", kann ich ihre Wirkung erkennen. Ich bin überzeugt, dass gerade auch diese *„verinnerlichten*

Bilder" Einfluss nehmen auf unser Denken und Tun. Letztlich ist dies die „Kraft verborgener Bilder".

Ein erfolgreiches Unternehmen braucht eine klare Organisation, eine Ordnung, die Sicherheit gibt und Arbeitsabläufe regelt. Erfolgreiche Teams jedoch pflegen ebenso eine Kultur des respektvollen Miteinanders und wissen um die verborgenen Realitäten und deren Einfluss auf das Miteinander. Solche Teams sind bereit, sich auch diesen Realitäten des Unbewussten zu stellen, ohne sich zu verstellen oder das gemeinsame Ziel aus dem Auge zu verlieren. Damit dies wirklich gelingt, und ich glaube, es ist eine der schwierigsten Aufgaben, braucht es eine *Basis des Vertrauens*. Es braucht eine wertschätzende, empathische Kommunikation und nicht zuletzt das Wissen um ein großes Ziel, das das Herz *brennen* lässt.

Die Basis des Vertrauens berührt wesentlich die Frage des *Leitbildes*. Kaum eine Dimension unternehmerischen Handelns hat in den vergangenen Jahren eine solch umfassende Aufmerksamkeit erhalten wie die komplexen und differenzierten Fragen *nach Unternehmenskultur und Unternehmensphilosophie*. Die gemeinsame Suche nach nicht nur lesbaren, sondern auch lebbaren Antworten auf diese Fragen ist heute wohl wichtiger denn je. Bei der großen Vielfalt ähnlicher und für Außenstehende häufig nur schwer zu unterscheidender Angebote scheint es nicht einfach zu sein, so wahrgenommen zu werden, wie man wahrgenommen werden möchte. Es geht also darum, zeitlose Wahrheiten, die für das eigene Unternehmen und darüber hinaus für mein Leben wesentlich sind, möglichst überzeugend und verstehbar zu kommunizieren, zu publizieren und nicht zuletzt überzeugend zu leben.

Viele Einrichtungen stehen mit ihren Dienstleistungen in einem massiven konkurrierenden Wettbewerb und unter dem wachsenden Druck ökonomischer Rahmenbedingungen. Besonders diese schaffen nicht selten ein Spannungsfeld zwischen Wünschenswertem und tatsächlich Möglichem. Doch liegt nicht gerade auch dort ein „Brennpunkt" für *christliche Unternehmensführung*, wo wir Menschen an spürbare Grenzen geraten? Liegt nicht gerade auch darin der christliche Auftrag, wider alle Hoffnung zu hoffen, weil wir davon überzeugt sind, dass es nicht nur auf uns ankommt? Was bedeutet die Wahrheit und christliche Überzeugung nun wirklich für uns und worin oder woran ist zu erkennen, dass wir davon überzeugt sind, nicht alles selbst leisten zu müssen? Solches Denken und Überzeugtsein von einer Hoffnung heißt nicht: „Augen zu und durch", sondern: „Augen auf" und auf das Unsichtbare, auf den Unsichtbaren vertrauen, der uns sagt: Ich bin der Weg, die Wahrheit und das Leben.

Unternehmen mit christlichem Werteprofil wissen darum, dass Paradoxien existieren. Sie werden weder verheimlicht noch tabuisiert. Scheitern, Fehlentscheidungen und Fehler sind immer auch in einem christlichen Unternehmen Realität. Die große Herausforderung besteht jedoch darin, *wie* wir uns mit dem Anspruch unseres Leitbildes und unserer Unternehmensphilosophie in solchen Grenzsituationen verhalten. In vielen Situationen fragen wir uns: Wie kann dieses oder jenes geschehen? Warum verhält sich ein Mensch so, wie er es in diesem Moment oder jener Situation tut? Ich bin überzeugt, ohne die transzendente Realität, dass letztlich Gott alles Dunkel in Licht, allen Schmerz und alle Trauer in Freude wandelt, würden uns die Paradoxien menschlichen Lebens und somit auch in unseren Unternehmen rasch an Grenzen führen. Wir müssen uns in einem christlichen Unternehmen ermutigen, uns nicht nur am Sichtbaren festzumachen, sondern immer mehr auch „Signum", Zeichen und Begegnungsort des *Unsichtbaren* zu werden.

Eduard Zwierlein

Ein kleiner Blick zurück

Den Ausführungen von *Br. Ulrich* kann ich mich ohne Mühe inhaltlich anschließen. Hier gibt es von meiner Seite auch nur wenig, was zu ergänzen wäre. Vieles würde Wiederholung und Variation sein. Darum kann ich mich kurzhalten und einen anderen Aspekt hervorheben, der mich bei der Relektüre seiner Kapitel besonders angesprochen hat.

Diesen Aspekt formuliere ich zunächst mit den beiden Sätzen: *„Wissen Sie eigentlich, wer Sie sind?"* und *„Haben Sie eine Idee, warum Sie hier sind?"*

Besonders hervorheben möchte ich die Verbindung zur *persönlichen Ebene.* Spiritualität und Management können auch nur aus dieser echten, authentischen Personalität gelingen. Deswegen ist der *Rückverweis auf sich selbst,* auf jeden von uns, auf unsere Bedürfnisse und Sehnsüchte, auf unser Herz, auf unsere Werte und Überzeugungen wie auch auf unsere Fähigkeiten und Potentiale unverzichtbar.

Nur wer einen guten persönlichen *Kontakt zu sich selbst* hat, was ja wohl einerseits bedeutet, dass man sich ein wenig *kennt,* aber auch andererseits, dass man sich *annehmen und bejahen* kann, kann von dieser Grundlage aus sich gut auf den Weg machen, um *mit anderen* fruchtbar zusammenzuarbeiten. Unser Buch ist in diesem Sinne ein *persönliches* Arbeits- und Reisebuch, das immer wieder in das Gespräch mit sich selbst, in die Eigenreflexion und zum *Blick in den Spiegel* führen möchte.

Im Spiegel sehe ich *mein Gesicht*. Dort ist, was ich kennen lernen und mir auf gute Weise vertraut machen soll. Das Spiegelgesicht ist die Reiseaufforderung zu mir selbst. A. *de Saint-Exupéry* fragt einmal, wenn ich mich recht erinnere: Wie kannst du ein Haus lieben, das ohne Gesicht ist und in dem deine Schritte keinen Sinn haben?

Natürlich sind die Werte und die Kultur dasjenige, was einem Haus Sinn und Gesicht verleiht. Aber da sie nicht freischwebend, sondern in Personen verkörpert sind, bin doch schließlich *ich das Gesicht*, das *dem Haus ein Gesicht* gibt. Im Spiegel sehe ich mein Gesicht.

Der Blick auf mich ist kein Blick ohne die anderen. *Die anderen* sind *auch Gesichter des Hauses*, dem sie ein Gesicht verleihen. Und es sind auch die anderen, die mir „*spiegeln*", wie und was ich für sie bin. In den Gesichtern der anderen spiegelt sich mein Gesicht wider. Die anderen sind *lebendige Spiegel*, in denen ich mich sehe.

In Sagen und Märchen sind Seen zweiseitige Spiegel zwischen der physischen und der übernatürlichen Welt. Von oben betrachte ich mein sich reflektierendes Antlitz, von unten sehen mich die Wassergeister aus ihren juwelengeschmückten Zauberpalästen an. Der erste Schritt des kontemplativen Erkennens ist die „*Reflexion*": Mein Bild wird auf mich zurückgeworfen. Je mehr ich aber in dieser Arbeit reife, umso *transparenter* wird die geheimnisvolle Oberfläche, bis ich schließlich *zum anderen*, der mich ansieht, *durchblicken* kann.

Diese schöne und miteinander verwobene Aufgabe, die *eigene personale Mitte* und die *personale Begegnung* als Grundzug von Spiritualität und Management zu entdecken und zu verstehen, denke ich mir als das entscheidende Werk und Fest, um ein Mensch zu sein. In diesem Sinne scheint mir auch Spiritualität ein Lebensfest zu sein, das mich an *Rilkes* Gedicht denken lässt:

Du musst das Leben nicht verstehen,
dann wird es werden wie ein Fest.
Und lass dir jeden Tag geschehen
so wie ein Kind im Weitergehen
von jedem Wehen
sich viele Blüten schenken lässt.
Sie aufzusammeln und zu sparen,
das kommt dem Kind nicht in den Sinn.
Es löst sie leise aus den Haaren,
drin sie so gern gefangen waren,
und hält den lieben jungen Jahren
nach neuen seine Hände hin.

Kunsttherapie –
Das Heilende in der Kunst
und die Kraft verborgener Bilder

*In der Kunsttherapie stehen die Bilder als Zeichen für die Welt,
in der ein Mensch lebt. Wenn sich die Bilder verändern,
verändert sich auch der eigene Platz in der Welt.*
SIGRID VÖLKER

Achtsamkeit und Mut für das eigene Leben

Die folgenden Gedanken und praktischen Ausführungen wollen zu einem *kreativen Umgang mit dem Thema* dieses Buches einladen. Ausgangspunkt ist dabei die Überzeugung, dass kreatives Tun eine vortreffliche Möglichkeit bietet, *„Innenwelten"* *nach außen zu heben.* Dies ist besonders dann bedeutsam, wenn wir in unserer verbalen Kommunikation an Grenzen geführt werden. Sicherlich ist dies keine neue Erkenntnis, doch ein Blick in die Entwicklung der Kunsttherapie macht deutlich, dass bei uns erst in den letzten Jahrzehnten diese heilende und die Reifung der menschlichen Persönlichkeit unterstützende Dimension der Kunst entdeckt wurde und auf vielfältige Weise genutzt wird.

Einblick in die Entwicklung

Die Kunsttherapie in Deutschland hat erst seit ca. 30 Jahren einen festen Platz in der Vielfalt der Therapieformen erhalten, auch wenn die Psychologie und Pädagogik u. a. bereits durch *S. Freud* und *C. G. Jung* Interesse für das Heilende im künstlerischen Schaffen gezeigt haben.

Doch schauen wir noch ein wenig zurück. Kunst war schon immer ein Ausdruck des Menschen und damit auch eine besonders persönlich geprägte Art und Weise, einander zu begegnen. Schon früh wurde erkannt, dass die Kunst Heilung auch im Sinne von *Heilwerden oder Ganzwerden* positiv unterstützen kann. Neben *Joseph Beuys* setzten sich bereits vor vielen Jahren auch andere Künstlerinnen und Künstler für die Verbreitung und Akzeptanz der Kunsttherapie ein. Sie beschäftigten sich damit, auf welche Weise kreatives Gestalten wirken kann und welche Aspekte helfende und heilende Potentiale haben. Die soziale und therapeutische Bedeutung künstlerischen Schaffens wurde so mehr und mehr zu einem offenen Thema. Über die Kunst hinaus erhielt die Kunsttherapie auch weltweit, als unterstützende Möglichkeit für Diagnostik und innere Heilungs- und Wachstumsprozesse, Aufmerksamkeit und Anerkennung. Großartige und für die Psychologie, Psychoanalyse und pädagogische Arbeit anerkannte Persönlichkeiten wie die bereits erwähnten Analytiker *Freud und Jung,* wie etwa auch der Psychologe *J. Piaget* sowie *R. Steiner* mit seinem anthroposophischen Weltbild erkannten die Wirkkraft der Kunsttherapie, welche eine Förderung der Persönlichkeitsentwicklung oder auch die Heilung bei psychischen und somatischen Störungen positiv unterstützen kann.

Für *C. G. Jung* ist alles Psychische nicht weniger wirklich als alles Körperliche, wenn auch nicht tastbar, so doch in seiner Unmittelbarkeit voll und eindeutig erfahrbar und beobachtbar. Es ist eine Welt für sich, von Gesetzen beherrscht, strukturiert und mit den ihr eigenen Ausdrucksmitteln ausgestattet. Zu diesem Ansatz passt ausgesprochen gut folgendes Zitat von Paul Klee: *„Kunst gibt nicht nur Sichtbares wieder, sondern macht sichtbar."*

Ebenfalls lässt ein Blick weit zurück in unsere Menschheitsgeschichte aufhorchen. Bereits vor tausenden von Jahren haben Menschen Form und Farbe als Medium eingesetzt, um Erlebtes und Gelebtes bildnerisch darzustellen und festzuhalten.

Vielen von uns sind sicherlich Bilder der ältesten Höhlenmalereien vertraut. In allen Kulturen und Völkern haben Menschen seit jeher sowohl Lebenserfahrungen und Lebensahnungen als auch religiöse Vorstellungen und Gewissheiten in eine bildliche Sprache übersetzt. In uns Menschen lebt also, wenn auch oft verborgen, die Fähigkeit und Sehnsucht, sowohl das sichtbare als auch das erspürte, erahnte und erhoffte *Leben in Bilder* zu gießen, die dann im schöpferischen Werk im wahrsten Sinne des Wortes ans Licht gehoben werden können.

Beim „Künstler" und auch in der Kunsttherapie drängen diese Bilder nach außen und möchten konkret *Gestalt* werden. So wird die Kunst zu einer besonderen Möglichkeit, tiefe und prägende Erfahrungen anschaulich zu machen, das heißt, uns selbst und anderen einen *Zugang zum Leben*, ja zum eigenen Menschsein und damit zu mir selbst zu eröffnen. Im Bild, in der bildnerischen Gestaltung können bewusste und unbewusste Vorgänge, Erfahrungen, Sehnsüchte und Wünsche, Geglaubtes und Erhofftes sichtbar werden. Leben wird in eine *international verständliche Sprache* übersetzt und kann in nachvollziehbarer Sichtbarkeit Begeisterung für die Wachstumsmöglichkeiten des Menschen wecken.

Dort, wo Gefühlslähmung und Erstarrung existieren, kann kunsttherapeutisches Arbeiten neue Lebendigkeit wecken und fördern. Selbst ein Umformen „*in Stein gemeißelter Glaubenssätze*" kann durch die heilende und weitende Kraft der Kunst gestützt werden. Es kann Neues in den Fluss der Farben und Formen gesetzt und so vielleicht ein neuer Weg gefunden werden. Es ist möglich, umfassende und komplexe Zusammenhänge auf neue, ungewohnte Weise in den Blick zu nehmen und auf einem Bild in Beziehung zu setzen, um dadurch Zusammenhänge vielleicht besser zu verstehen und wahrzunehmen. Gerade auch für die positive Ausgestaltung der vielfältigen Formen von Zusammenarbeit, Teamfähigkeit und Kooperation kann Kunsttherapie einen erhellenden *schöpferischen Zugang* eröffnen.

Persönliche Lebenszustände, innere Prozesse oder auch Konflikte ins Bild zu bringen, also tatsächlich anschaulich zu machen, ist eine wundervolle Möglichkeit, mit der nötigen Distanz und doch sehr konkret die eigenen *Lebensthemen* zu bearbeiten. Die Bildsprache wirkt dabei wie eine Einladung, genauer hinzuschauen, und kann zeigen, was nur schwer oder noch nicht ins Wort gebracht werden kann. Dies führt dann in eine fruchtbare Begegnung, wenn sie von Wertschätzung und großer Achtsamkeit geprägt ist, die als wesentliche Grundhaltungen jegliche Beziehung bestimmen sollten.

Was jedoch ist nun aber *Kunsttherapie,* oder anders gefragt, wie und wann wird Kunst zur Therapie, zum heilenden Geschehen, zu einer den Heilungsprozess unterstützenden Hilfe? Wer einen Zugang, eine Ahnung vom Wesen und von der Methode der Kunsttherapie gewinnen möchte, der muss sich dafür öffnen, dass innere Bilder auf die Psyche wirken und von diese unser Verhalten beeinflussen können. Bilder haben, und dies sage ich aus tiefster Überzeugung, eine *therapeutische Wirkkraft.* Wenn diese Überzeugung zur persönlichen Erfahrung wird, kann sie positiv für die Entwicklung des Einzelnen als auch einer Gruppe genutzt werden.

Eine qualifizierte Kunsttherapie kann Menschen, die leidvoll aus ihren sozialen Kontexten herausgefallen sind, dabei unterstützen, sie wieder dorthin zurückzuführen, wo sie sich geborgen fühlen, um neue *Lebensperspektiven* zu entdecken und zu entwickeln.

Auch wenn innere oder äußere Lebensbilder erstarren, also mein Blick für das Bild vom Leben nicht mehr lebendig ist, bieten sich künstlerische Therapieverfahren an, um kreativ und phantasievoll *neue Bilder des Lebens* zu erschließen und in mir wachsen zu lassen. Wenn Kunst sich die therapeutischen Handlungsfelder erschließt, lassen sich die „ästhetischen Einbahnstraßen" des Lebens differenzieren, lässt sich individuelles Leben facettenreicher und in seinen gesellschaftlichen Bezügen wieder flexibler gestalten. Der Kunsttherapie geht es um einen innerpsychischen und sich sensu- wie psychomotorisch auswirkenden *Formbildungs- und Gestaltungsvorgang,* der sich in der bildnerischen Formdynamik eines ästhetischen Mediums spiegelt. Ein solches Tun führt dazu, dass innere wie äußere Lebensverhältnisse und Gefühle so abgebildet werden, dass sie bearbeitet und neu zentriert werden können. Darüber hinaus bietet es die Möglichkeit, die Orientierung wiederzuerlangen oder auch, konkrete neue Ziele formulieren zu können. Ein solches Tun kann helfen, Leidvolles besser zu bewältigen, um sich dem Leben getröstet und mit Hoffnung erneut zuwenden zu können. Dabei geschieht es natürlich auch, dass sich Verdrängtes und Schmerzhaftes aus dem Unterbewussten heben. Doch gerade hier ist die Kunsttherapie in meinen Augen ein Medium, das in einem, wenn auch manchmal schmerzhaften Prozess *„Schreckensbilder" in neue „Hoffnungsbilder" wandeln* kann.

Wer sich auf den Menschen vertiefend einlässt, und dies gilt gerade auch für alle Menschen, die führen und leiten, wird in ihnen nicht nur Fruchtbares finden, das von ihnen kommt und geschieht, sondern darüber hinaus auch die *schöpferischen Keime* zu allem Hohen und Heiligen, das die Menschheit zu schaffen vermag und auf das sich unsere *nie versiegende Hoffnung* gründet. Zentrale Ziele der Kunsttherapie bestehen also auch darin, in mir selbst Ordnung zu schaffen, um weniger haltlos, sondern sowohl widerstandsfähiger als auch kritikfähiger gegenüber der Masse zu werden. Als Menschen, die Menschen führen und begleiten, sind wir aufgefordert, andere darin zu bestärken, dass sie *freie Mitgestalter der Gesellschaft* sind und immer mehr werden. Kunsttherapie ist dabei ein Weg nach innen, zu mir, und ein Weg nach außen, in die Welt.

Diese keineswegs auch nur erschöpfend benannten vielfältigen Möglichkeiten der Kunsttherapie gilt es zu nutzen und einzusetzen für die Entwicklung unseres Lebens in seiner ganzen *Höhe und Tiefe, Weite und Vielfalt*, für uns selbst und für andere.

Novalis spricht im Blick auf die Medizin von einem das ganze Leben in allen seinen Dimensionen umfassenden Phänomen, wenn er sagt: *„Die Medizin muss noch ganz anders werden – Lebenskunstlehre und Lebensnaturlehre."*

Für mich bedeutet dies: *Ganzheitliche Heilung und Entwicklung* will Zugänge zum Verborgenen, Verschütteten und Verdrängten schaffen und zum befreienden Ausgang führen, zu einem Weg, der Wandlung und Umwandlung möglich macht. Dies ist, auch wenn wir auf die Evangelien schauen, ein zutiefst spiritueller Weg.

Im kunsttherapeutischen Kontext werden Bilder auch als diagnostisches Mittel eingesetzt, um persönliche Probleme zu erkennen, oder auch, um positive Entwicklungspotentiale zu bestimmen. Somit kann man an die in einem Bild ersichtlich gewordenen Ressourcen des Menschen anknüpfen, um ihn in seiner weiteren Entwicklung zu stabilisieren und zu fördern. In der Begegnung mit dem eigenen Bild, das Ausdruck von bewussten oder/und unbewussten Gefühlen und Bedürfnissen eines Menschen ist, bietet die *kunsttherapeutische Intervention* eine Basis zur positiv stärkenden Auseinandersetzung. Vielleicht wird deutlich, dass im Kontext von Personalentwicklungsprozessen die Einbindung qualifizierter Kunsttherapeuten eine großartige Möglichkeit bietet.

„Kunsttherapie" ist, darauf möchte ich mit diesen einführenden Gedanken aufmerksam machen, ein Sammelbegriff für kreative Arbeitsweisen, die in Theorie, Methode und Praxis außerordentlich vielfältig sind. Als gemeinsame Basis ist das *bildschaffende Arbeiten* anzusehen, das sich auf das Gestalten von Bildern und Objekten bezieht, wobei eine bewusste Auswahl der Farben, der Bildform wie auch der Materialien ebenso wichtig ist wie die Vorbereitung mit einer Hinführung zum Thema und die Durchführung mit der sich anschließenden Besprechung.

Die Klienten zeigen sich durch und in ihrem Werk. Innere und äußere Bilder, ihr Blick auf die Welt und ihr Erleben werden ansichtig. Und dann blicken beide, Therapeut und Klient, gemeinsam in die gleiche Richtung. *Im Bild entdecken sie gemeinsam neue Handlungsräume, erarbeiten Lösungsmöglichkeiten, werden zu Veränderungsprozessen ermutigt und entdecken neue Ressourcen.*

In der Kunsttherapie wird in die begleitende und Entwicklung fördernde Beziehung ein Drittes eingefügt: das künstlerische Medium, das mit dem Klienten und dem Begleiter ein Beziehungsdreieck bildet, das gerne als *kunsttherapeutische Triade* bezeichnet wird.

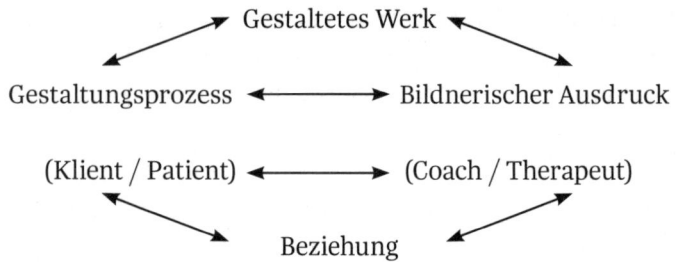

Gestaltetes Werk

Gestaltungsprozess ⟷ Bildnerischer Ausdruck

(Klient / Patient) ⟷ (Coach / Therapeut)

Beziehung

Anders als in den Therapien, die aus den darstellenden Künsten, dem Tanz, dem Theater und der Musik, hergeleitet sind, haben wir in der Kunsttherapie am Ende ein Produkt vor Augen: Bilder. Bilder können so zu einem *Anknüpfungspunkt* für weiterführende Überlegungen werden oder auch als *Erinnerungsmöglichkeit* für Vergangenes dienen, in denen immer noch Bedeutsames für das Heute verborgen sein kann.

In der Kunsttherapie geht es um die Botschaft von Bildern, die aus der Wahrnehmung, aus der Seele und Phantasie und auch aus Träumen kommen. Sie sind immer *Ausdruck und Eindruck* des Schaffenden. Sie sind *Projektion und Spiegel* für den, der sie bewusst wahrnimmt. Was wir erleben und wie wir es erleben, zeigt sich eben auch darin, was wir darstellen und wie wir es darstellen. Kunsttherapie ist in diesem Sinne sowohl Brücke nach innen als auch Fenster nach außen.

In seinem Aufsatz „Ziele der Psychotherapie" (1929) schreibt C. G. Jung: „*Auch wenn gelegentlich schöne Dinge von meinen Klienten produziert werden ..., es soll sich nicht um Kunst handeln, sondern um mehr und anderes ..., nämlich um lebendige Wirkung auf den Menschen selber.*"

In den vergangenen Jahren durfte ich im Rahmen einer vierjährigen Weiterbildung zum Kunsttherapeuten vieles davon selbst erfahren und als „inneren Schatz" entdecken. Ich durfte und darf erfahren, dass Kunsttherapie *Lebensräume entfalten* und freilegen kann und eine spannende Möglichkeit bietet, sich in einer *„neuen Sprache"* auszudrücken. Es geht um den Ausdruck inneren Erlebens und somit um ein Sichtbarmachen und – damit verbunden – um die Möglichkeit, ein Stück weit auch das loszulassen, was mich innerlich vielleicht zu stark vereinnahmt und behindert. Die Kunsttherapie ist in besonderem Maße dazu geeignet, die *Lebensfreude* aufs Neue zu aktivieren, *Selbstvertrauen* zu stärken sowie die eigenen Handlungs- und Lebensmöglichkeiten positiv und sinnstiftend weiterzuentwickeln. Sie will letztlich helfen, die eigene *schöpferische Lebensfreude* zu entdecken, und zur Kreativität führen.

Kreativ sein heißt im Kontext der Kunsttherapie, eigenschöpferisch zu wirken und gerade nicht: „Malen nach Zahlen". Kreativ sein ist mehr als nur „selber malen", sondern will dazu ermutigen, sich mit seinen Ideen, Empfindungen, Gefühlen, Ahnungen und seiner Sehnsucht ins Leben einzubringen. Wir alle sind *Fachleute und Spezialisten des eigenen Lebens* in all seiner Fülle.

„Solange wir das Leben haben, sollen wir es mit den uns eigenen Farben der Liebe und Hoffnung malen." Dieser Gedanke des großartigen Künstlers *Marc Chagall* ist für mich eine wunderbare Zusammenfassung meiner persönlichen Erfahrungen mit der Kunsttherapie.

Anregungen aus der Praxis für die Praxis

Nachfolgend möchte ich Möglichkeiten aufzeigen, wie eine kleine Auswahl konkreter Übungen aus der kunsttherapeutischen Arbeit für den Prozess einer Teamentwicklung oder auch für ein persönliches Coaching praktisch eingesetzt werden kann: *„Kunst gibt nicht Sichtbares wieder, sondern macht sichtbar"* (Paul Klee).

Sicherlich ist es möglich, die angegebenen Übungen selbst in seinem Arbeitsalltag einzusetzen. Unabdingbar jedoch und eine wesentliche Voraussetzung ist, im Vorfeld eigene Erfahrungen bezüglich der Arbeitsweise in der Kunsttherapie gemacht zu haben. Wesentliche Grundhaltungen bei der Arbeit mit kunsttherapeutischen Ansätzen sind: *Wertschätzung, Respekt und Achtsamkeit* gegenüber dem Geschaffenen, weil kunsttherapeutisches Arbeiten in eine sehr persönliche Berührung mit dem Wesen und Sein eines ganz bestimmten Menschen führt. Der Text zur Spiritualität der Achtsamkeit von *Eduard Zwierlein* bringt diese wichtige Grundhaltung ins Wort; sie gehört als unabdingbares Wesensmerkmal zu einer Spiritualität des Lebens.

1. Was mich trägt und mir wichtig ist (Einzelarbeit)

Die folgende Übung ist für ein *erstes Kennenlernen* hilfreich und als Einstieg sehr geeignet. Dabei sollen die Teilnehmerinnen und Teilnehmer das, was sie von sich persönlich mitteilen möchten und zum Thema *„Was mich trägt und mir wichtig ist"* sagen möchten, auf ein Zeichenblatt (mindestens 40 × 60, mit Wachsmalstiften) malen.

Der eigene Name wird in freier Anordnung und Größe auf das Blatt geschrieben. Alles Weitere soll dann in Farbe und Form umgesetzt und so mitgeteilt werden. Nach ca. 40 Minuten sollen die Bilder vom Einzelnen selbst in folgenden Schritten erläutert werden:

- Prozess des Malgeschehens (Gefühle und Empfindungen)
- Beschreiben der Zeichen, Symbole, Farben
- Form und Anordnung
- Gesamteindruck des Bildes

Zuvor muss mit allen Teilnehmenden geklärt werden, ob Nachfragen möglich sein sollen. Meist genügt jedoch eine Vorstellung durch den einzelnen Teilnehmer selbst.

2. Wofür oder für wen wir unterwegs sind und was uns verbindet (Gruppenarbeit)

Während dieser Übung, die bei einer Gruppengröße von bis zu 10 Personen gut eine Stunde benötigt, soll jeder im Vorfeld eine Farbe wählen (Acrylfarben oder Wachsmalkreiden). Dann wird im Wechsel nacheinander, so wie man sich um die Malfläche (ca. 120 × 80 cm) herumgruppiert hat, dem Thema gemeinsam und doch auf individuelle Weise Gestalt gegeben.

Die Art und Weise des Malprozesses, die Widerstände und Zugeständnisse, die persönlichen Spuren und die damit verbundenen Gefühle bieten dann ein reiches Spektrum, um anschließend zu einem intensiven Austausch zu kommen. Wie bei allen anderen Übungen auch kommt es nicht darauf an, ein für andere vorzeigbares Kunstwerk zu gestalten, sondern *sich selbst und die Gruppe mit allem, was geschieht, wahrzunehmen.*

Begleitende Fragen und weiterführende Anregungen zum Thema Werte und Grundhaltungen können dabei auch folgende sein:

- Worin zeigt sich für Sie Teamgeist?
- Was denken Sie, was Ihr Beitrag ist, den Sie einbringen können mit Blick auf Ihre Persönlichkeit und Professionalität?

3. Arbeiten mit dem Triptychon
Konflikt-Triptychon (Einzelarbeit)

Diese Übung will mit dem Rückblick auf eine gelungene Konfliktbewältigung in der Form eines Triptychons (dreifach gefaltetes Blatt) die persönliche Konfliktbewältigungsstrategie unter den drei Aspekten *„Konflikt – Prozessgestaltung – Lösung"* aufzeigen und deutlich machen. Es ist auch möglich, einen aktuellen Konflikt für diese Übung zu nutzen. Dabei kann der mittlere Bildteil, der den Prozess wiedergibt und ja noch nicht abgeschlossen ist, nur so dargestellt werden, wie ich mir ihn in seinem Verlauf wünsche. Gleiches gilt natürlich auch für den letzten Bildteil des Triptychons mit der angestrebten Lösung. Die Darstellung eines solchen Konfliktgeschehens im Triptychon kann mir helfen, Ähnlichkeiten und Wiederholungen in meiner Konflikterfahrung und Konfliktbewältigung klarer zu erkennen. Gleichzeitig wird diese Darstellungsweise bei bestehenden noch aktuellen Konflikten zu einem kreativen Übungsweg, der ein *„Ineinanderschauen"* von *Situation – Prozess und Lösung* ermöglicht.

Materialien: Zwei gleich große Blätter jeweils rechts und links von einem Blatt in doppelter Größe anheften. Für die farbliche Gestaltung verwendet man Acryl- oder auch Wasser-/Aquarellfarben. Wenn es jemandem wichtig ist und er noch etwas Besonderes ausdrücken möchte, kann auch die Außenseite der Blätter bemalt werden.

Eingesetzt werden kann diese Übung auch zur Vorbereitung und zum Einstieg in das Thema *„Umgang mit Konflikten"*.

Nach einer Stunde der Gestaltung erläutert jeder sein Konflikt-Triptychon. Auch hier ist eine fachliche Begleitung sehr hilfreich, um das, was sich im Bild zeigt, für eine weiterführende Arbeit nutzen zu können. Dabei möchte ich gerade an dieser Stelle auf einen wichtigen Grundsatz für die Besprechung hinweisen. Nicht die Geschichte, also nicht der konkrete Konflikt, ist Ausgangspunkt für das Gespräch, sondern das, was gemalt, gezeichnet und zu sehen ist. Es geht also immer wieder um das Beschreiben und Umschreiben dessen, was sich in Farbe und Form an Dynamik und Bewegung, an Ruhe und Kraft zeigt. Dieses *„Im-Bild-Bleiben"* kann helfen, sich von Begrenzungen und scheinbar Unmöglichem zu lösen, um zu neuen Wegen zu finden.

4. Zuhören – Raum geben (Paarübung)

Diese Übung will sensibel machen für die Bedeutung einer guten *Wahrnehmung*. Im Prozess des möglichst genauen Hinschauens und Beobachtens kann erfahrbar werden, was es bedeutet, sich wirklich einzulassen auf das, was mein Gegenüber zeichnet. Ich schenke meine ganze Aufmerksamkeit und lasse mich ein, nehme auf und mache die Erfahrung, wie Miteinander geformt wird und wächst.

Bei dieser Übung (ca. 30–40 Minuten) sitzen sich zwei Personen am Tisch gegenüber. Jeder hat sein Blatt vor sich. Einer beginnt mit dem Zeichenstift (schwarze Kreide / Filzstift oder auch Kohle) und zeichnet ganz frei, ohne Vorgabe, Formen, Linien, Figuren. Das Gegenüber versucht eine möglichst genaue Wiedergabe dieser Linien und Formen auf sein Blatt zu übertragen. Er lässt sich dabei auf Bewegung und Rhythmus ein, schwingt sich ein auf die „Lebenslinien" seines Partners.

Auch hierbei wird im Anschluss über die Erfahrungen und Gefühle gesprochen, die diese Übung in den Beteiligten ausgelöst hat.

5. Der Baum: vom Teil zum Ganzen (Gruppenarbeit)

Eine weitere spannende Übung stellt das Gestalten einer Baumcollage in der Gruppe dar. Dabei erhält jeder Teilnehmer ein Blatt gleicher Größe und eine entsprechende Auswahl an Farben, die zur Aufgabe, einen Baum zu malen, passen. Ziel ist es, in einem *gemeinsamen Prozess*, schweigend, einen Baum zu erstellen. Dabei soll jeder Teilnehmer nur einen Teil malen, der zum Abschluss zu einem Ganzen zusammengefügt und aufgeklebt wird.

Bei dieser Aufgabe liegt ein Schwerpunkt in der aufmerksamen Wahrnehmung der Gruppe, die mir einen Platz gibt oder in der ich mir selbst meinen Platz wähle.

Auch bei dieser Übung gibt die anschließende Auswertung sowohl des geschaffenen Werkes wie auch des Entstehungsprozesses selbst zahlreiche Anknüpfungsmöglichkeiten und weiterführende Aspekte, die für den Einzelnen und für die Gruppe bedeutsam sind.[*]

[*] Vgl. zur weiteren Information: Gertraud Schottenloher, Kunst- und Gestaltungstherapie. Eine praktische Einführung. München 2008.

Zum Abschluss dieser Konkretisierungen möchte ich noch einmal darauf hinweisen, dass die *Würdigung des Geschaffenen* und der *respektvolle Umgang* mit ihm maßgebliche Grundhaltungen in der Kunsttherapie sind. Weiterhin ist es wichtig zu bedenken, dass ich letztlich nur das wirklich unterstützend und heilsam einsetzen kann, was ich selbst als solches erfahren und durchlebt habe. Selbstführung und Führung brauchen deswegen immer auch *Selbsterfahrung*.

Hier bietet es sich an, kurz auf die Grafiken und Zeichnungen hinzuweisen, die entlang der inhaltlichen Gliederung in diesem Buch zu finden sind. Sie sollen keineswegs nur Schmuck und Illustration des Textes sein, sondern zum *Innehalten* einladen und den Text kreativ ergänzen. Entstanden sind sie während der Überarbeitung der ersten Ausgabe dieses Buches und wollen eindrücklich darauf verweisen, dass auch die Texte dieses Buches ebenso zum Verweilen einladen wie die eingebrachten *Formgebilde und Wegzeichen*. Im Verweilen und Betrachten durchschreiten wir unterschiedliche Räume, in denen mir Vertrautes begegnet und vielleicht auch Neues auf mich wartet. Versuchen Sie doch einmal, sich darauf einzulassen, und fragen Sie sich, welche Assoziationen, welche Gefühle beim Betrachten in Ihnen geweckt werden. Vielleicht verspüren Sie auch den Impuls, eine der Linien oder Formen auf ein Blatt zu übertragen, um davon ausgehend Ihre eigenen *Lebenslinien* zu zeichnen und diesen nachzuspüren. Lassen Sie sich darauf ein, nutzen Sie diese „*Gedankenstriche*", denn letztlich ist jede Linie und jede Form nichts als die Verlängerung eines Gedankens, dem Sie Ihre eigene Gestalt und Form geben können.

Und bitte denken Sie daran, dass jegliche künstlerische Darstellung begrenzt ist. Auch wenn sie durchaus etwas konkret und präzise wiedergibt, bleibt sie stets mehrdeutig. Vielleicht ist diese Wahrheit hinter der Wirklichkeit eine *Gemeinsamkeit von Kunst und Spiritualität*.

Die beiden abschließenden Texte versuchen, bei aller Unterschiedlichkeit, noch einmal das bisher Gesagte in eine Sprachform zu übersetzen, die auf die oft verborgene, aber immer wirksame Kraft der Kunst hinweist.

"Innenwelten"
Verborgen – doch wahrhaftig da
die Welt in mir
hineingesenkt
erfahren und geschenkt
sie will sich zeigen
dir und mir
lädt zur Begegnung ein
will zum Lebenstor uns werden
manch Sehnsucht doch zu erden
um diese Welt zu wissen
auch wenn es bleibt ein Ahnen
Erfahrung und Geschenk
die Spur der Farben aufzunehmen
um einzutreten in die Welt
geheimnisvolle Schaffenskraft
gemaltes Wort
erzähltes Bild
Lebensspuren meiner Innenwelt
Br. Ulrich Schmitz

Ich suche nicht – ich finde.

Suchen – das ist Ausgehen von alten Beständen und ein Finden-Wollen von bereits Bekanntem im Neuen.

Finden – das ist das völlig Neue!

Das Neue auch in der Bewegung. Alle Wege sind offen und was gefunden wird, ist unbekannt. Es ist ein Wagnis, ein heiliges Abenteuer!

Die Ungewissheit solcher Wagnisse können eigentlich nur jene auf sich nehmen, die sich im Ungeborgenen geborgen wissen, die in die Ungewissheit, in die Führerlosigkeit geführt werden, die sich im Dunkeln einem unsichtbaren Stern überlassen, die sich vom Ziele ziehen lassen und nicht – menschlich beschränkt und eingeengt – das Ziel bestimmen.

Dieses Offensein für jede neue Erkenntnis im Außen und Innen: Das ist das Wesenhafte des modernen Menschen, der in aller Angst des Loslassens doch die Gnade des Gehaltenseins im Offenwerden neuer Möglichkeiten erfährt.

PABLO PICASSO

Wo ist die Weisheit,
die wir im Wissen verloren haben,
wo ist das Wissen,
das uns in der bloßen Information abhandenkam?
T. S. ELIOT

Spiritualität – ein Besuch
im Garten goldener Sätze

Gedanken sind Kräfte. Die folgenden Gedanken gleichen einem Garten voll goldener Sätze zur Inspiration, wunderbarer Blumen zum Pflücken. Man könnte auch sagen, es handelt sich um Saatgut (aus der Samenhandlungs-Geschichte, s. o. S. 230), das wir in unserem inneren Garten auswerfen und dadurch bestimmte Dinge in uns zum Wachsen bringen, die dann unsere Welt-Sicht prägen werden. Wenn Sie wollen, finden Sie Ihr Saatgut!

Wohin gehen wir denn? Immer nach Hause!
NOVALIS

Gott ist zu Hause. Wir sind im fernen Land!
MEISTER ECKHART

*Der Weg der Spiritualität ist nicht der des Rechthabens,
sondern der der Liebe!*
EDUARD ZWIERLEIN

*Was du bist, ist Gottes Geschenk an dich;
was du wirst, ist dein Geschenk an Gott!*
ANONYM

Wenn es bergauf geht, bist du wahrscheinlich
auf dem richtigen Weg!
ANONYM

Vielleicht ist alles Schreckliche
im tiefsten Grunde das Hilflose, das von uns Hilfe will!
FRIEDRICH NIETZSCHE

Die kleinste gute Tat ist besser
als die allerbeste Absicht!
DUGUET

Anerkenne dich und den anderen als Geheimnis
und lasse, was ist, als Geheimnis frei!
EDUARD ZWIERLEIN

Es gibt ein Land der Lebenden und ein Land der Toten
und die Brücke ist die Liebe ...
Das einzige Überleben. Der einzige Sinn!
THORNTON WILDER

Alles vergessen. Fenster öffnen. Das Zimmer leeren. Der Wind
durchbläst es. Man sieht nur die Leere,
man sucht in allen Ecken und findet sich nicht!
FRANZ KAFKA

Die größten Ereignisse, das sind nicht unsere lautesten,
sondern unsere stillsten Stunden!
FRIEDRICH NIETZSCHE

Weise ist derjenige, der seinen Blick offen hält
für die Tiefe des Lebens!
PETER WUST

Einem ruhigen Geist ergibt sich das ganze Universum!
TSCHUANG-TSE

Je stiller du wirst, umso mehr kannst du hören!
THORNTON WILDER

Ich lebe mein Leben in wachsenden Ringen,
die sich über die Dinge ziehn.
Ich werde den letzten vielleicht nicht vollbringen,
aber versuchen will ich ihn!
Rainer Maria Rilke

Die kleine Wahrheit hat klare Worte;
die große Wahrheit hat großes Schweigen!
RABINDRANATH TAGORE

Wo aber Gefahr ist, wächst das Rettende auch!
FRIEDRICH HÖLDERLIN

Es blitzt ein Tropfen Morgentau im Strahl des Sonnenlichts;
ein Tag kann eine Perle sein und ein Jahrhundert nichts!
GOTTFRIED KELLER

In den Tiefen des Winters erfuhr ich schließlich,
dass in mir ein unbesiegbarer Sommer liegt!
ALBERT CAMUS

*Wenn das einzige Gebet, das du während deines ganzen Lebens
sprichst, „danke" heißt, würde das genügen!*
MEISTER ECKHART

*Das Gebet verändert Gott nicht, aber es verändert denjenigen,
der betet!*
SÖREN KIERKEGAARD

*Es gibt nichts Größeres, als dass ein Mensch für andere
ein Segen ist!*
DIETRICH BONHOEFFER

*Der Mensch ist nie so schön, als wenn er um Verzeihung bittet
oder selber verzeiht!*
JEAN PAUL

In der Stille können wir Gottes Herzschlag hören!
R. FOSTER

Geh in der Verwandlung aus und ein!
RAINER MARIA RILKE

*Kinder suchen immer nach dem Geheimnis jenseits des Spiegels.
Nur wir Erwachsenen begnügen uns mit unserer flachen
Vordergründigkeit!*
STANISLAW J. LEC

Lasset die Kindlein zu mir kommen, denn ihnen gehört das Himmelreich!
JESUS

Wo Kinder sind, da ist ein goldenes Zeitalter!
NOVALIS

Wenn die alten Worte auf der Zunge absterben, entspringen dem Herzen neue Melodien!
RABINDRANATH TAGORE

Rede, damit ich dich sehe!
SOKRATES

Freundliche Worte sind wie Honig; süß für den Gaumen und gesund für den ganzen Körper.
SPRICHWÖRTER 16,24

Die Worte mancher Leute sind wie Messer; die Worte weiser Menschen bringen Heilung.
SPRICHWÖRTER 12,18

Wir wollen reden, wie wir empfinden, und empfinden, wie wir reden. Rede und Leben sollen zusammenstimmen.
SENECA

Grundhaltungen der Spiritualität

Achtsamkeit

Die *beiden Grundbewegungen* der Achtsamkeit sind zum einen *Öffnen* und zum anderen *Mitgehen*. Beide Bewegungen sind elementar, gut vertraut und doch nicht leicht zu verwirklichen.

Sich öffnen bedeutet: ganz da zu sein, ganz präsent zu sein im Hinblick auf den anderen. Leicht gesagt, aber schwer getan. Unsere normale Erfahrung ist eher diese, dass wir versuchen, dem anderen *ein Stück* Aufmerksamkeit zu schenken, während wir gleichzeitig mit tausend anderen Dingen beschäftigt sind. Jetzt, hier, für diesen Moment *ganz* für den anderen geöffnet und aufgeschlossen zu sein, ganz von den eigenen Dingen abzusehen, was alles noch ansteht und zu besorgen ist, ist ein enormes Geschenk der Begegnung, aber zugleich auch ein seltenes. *Offene Gegenwart, Präsenz*, die ohne Umstände bereit ist, einfach entgegenzunehmen und zu begleiten, was der andere Mensch mitbringt, ist die Grundlage aller Begegnung.

Am besten drücken wir also die Wirkung des Sich-Öffnens durch das Wort *Präsenz* aus. Ich bin ganz da, ganz in der Gegenwart. Nichts zieht mich jetzt von dem anderen weg. Er hat meine ganze Aufmerksamkeit und Zuwendung. Die ungeteilte Achtsamkeit, die aus der Präsenz strömt, ist Achtung und Respekt vor dem anderen. Präsenz, unabgelenktes, offenes Dasein für das, was der andere ist und was ihn bewegt, das Interesse ganz auf den anderen zu lenken, ist die kostbare Frucht der *Fähigkeit*, sich öffnen zu können. Wenn es sich um eine Fähigkeit handelt, so haben wir einen Schlüssel, in der Präsenz wachsen zu können. Dieser Schlüssel ist das *Einüben*. Wenn wir uns vornehmen, nur für einmal am Tag, dies mit großer Hingabe zu versuchen, entsteht Wachstum. Die Könnerschaft, sich mehr und besser öffnen zu können, wird langsam wachsen und dann auch ohne Vorsatz bei anderen Gelegenheiten immer besser zur Verfügung stehen.

Was wir säen, werden wir ernten. Wenn wir dieses Saatgut auswerfen und uns darum mit einem kleinen Zeitaufwand und etwas Pflege kümmern, wird diese Pflanze wachsen. Ein wichtiger Rat an uns selbst sollte dabei sein, dass wir keinen Erfolgsdruck oder Leistungszwang in dieses Einüben hineinlegen. Tun wir es einfach und nehmen alles Weitere an, wie es wird. Der beste Begleiter von Wachstumsprozessen ist weder Druck noch Angst, sondern *Freude*. Freuen wir uns, dass wir einen kleinen Beitrag investieren können, um in der Achtsamkeit zu reifen.

Mitgehen ist die zweite Grundbewegung der Achtsamkeit. Hier treffen wir eine wichtige Unterscheidung. Das Mitgehen ist eine kommunikative Bewegung, die weniger auf die *Inhalte* als vielmehr auf die *Beziehung* zueinander gerichtet ist. *Was* jemand mir sagt und anvertraut, ist zunächst ganz seine Sache. Hier kann ich mitdenken und Fragen stellen. *Wie* wir miteinander in Beziehung sind, ist meine Sache. (Natürlich auch Sache des anderen, wenn er es sieht und kann.) Was also heißt Mitgehen in der Beziehung?

Wenn wir auf den anderen offen achten, ihm auf diese Weise auch Achtung erweisen, wird er nicht nur über etwas sprechen, sondern er wird *sich selbst* aussprechen. Diese Aussprache seiner selbst, seiner Persönlichkeit, seines Temperaments, seiner aktuellen Stimmung, wird durchscheinen in *Körper, Stimme* und *Schlüsselworten*. Der unsichtbare Mensch taucht auf, bringt sich zur Sprache und wird ein Stück sichtbar.

Wie verhalten wir uns zu diesen *Zeichen*, in denen sich der Mensch *zeigt*? Wir gehen mit. Wir lassen uns auf diese Zeichen wie auf einen kommunikativen *Tanz* ein und tanzen mit. Wir werden, wenn wir gut in *Kon-Takt* mit dem anderen sind, uns einlassen auf seine Zeichen und seinen Bewegungen *ent-sprechen*. Diese Entsprechung ist die Sprache des Herzens, d. h. der Beziehung. Ohne den anderen nachzuäffen, werden wir in unserem Verhalten versuchen, dem anderen nahe zu sein. Unsere Gestik und Mimik wird sich der seinen annähern, unsere Stimmen werden sich in etwa angleichen, seine Schlüssel- oder Herzwörter werden wir hören und zurückspielen ins lebendige Gespräch.

Der Zauber dieses Mitgehens, einer Art von *Synchronisierung*, hat zur Folge, dass das Gespräch *fließt* und der andere seinerseits die Möglichkeit erhält, sich mehr zu öffnen und im Gespräch aufzublühen. Auch diese Art des Mitgehens kann mehr und mehr eingeübt werden. Gehen wir aber hier nicht ins Detail. Vor allem: Diese Einübung muss von Herzen kommen, darf nichts Technisches, Aufgesetztes oder Manipulatives sein. Es geht eher um eine wachsende Sensibilität für den anderen und eine wachsende Fähigkeit, darauf gut zu reagieren. Es ist wie mit dem Tanzen. Wer das Tanzen verinnerlicht, einübt als „*to learn by heart*", wird einfach im richtigen Moment ein besserer Tänzer sein.

Dieses Mitgehen ist eine Art von *Verstehen*. Es entstammt einer tiefen Sehnsucht. Der Wunsch und Versuch, aus dem Schmerz der Trennung herauszutreten und Verbindung aufzunehmen. Das hebräische Wort „*jadah*" spiegelt das sehr schön: und Adam „erkannte" sein Weib Eva und sie empfing und gebar. Dass Erkennen und Beischlaf hier verknüpft sind, zeigt tiefsinnig, dass *Leben, Liebe und Denken zusammengehören*, vor allem aber, dass es darum geht „*eins zu werden*". Liebe und Erkenntnis suchen zu überwinden, was trennt. Wenn wir jemanden bitten, uns doch wirklich zu verstehen, sagen wir gerne Sätze, die an diesen Sachverhalt erinnern: Versetz dich doch einmal in meine Lage, an meiner Stelle hättest du dann nicht auch ..., wenn du das einmal aus meiner Sicht sehen würdest. Wir wünschen uns also, dass jemand gleichsam von sich absieht und sich mit unserer Sicht so vereint, so identifiziert, dass wir wirklich verstanden werden. Achtsamkeit bedeutet den *Versuch* (und es bleibt auch nur Versuch: Provisorium, Wagnis, Fragment), den Dingen ins Herz zu sehen, ins Herz aller Dinge zu lauschen.

Staunen

Wer mit kleinen *Kindern* spazieren geht, kann viel lernen. Sie haben sich vielleicht vorgenommen, in einer halben Stunde da oder dort zu sein. Wenn sie sich aber auf den Rhythmus der Kinder einlassen, werden Sie staunen. Die Kinder finden überall etwas, was sie anhalten und verweilen lässt oder zum Spielen veranlasst. Die Schau staunt. Das können Kinder am besten. Staunen und Spielen ist der Urzustand der Kinder. Dies ist das Staunen über die *Natur* in simpler Präsenz, die phantasievolle Naivität des Kinderblicks, der die *Dinge der Welt* erkundet.

Wenn der Mensch dann nicht nur über das Naturschöne staunt, sondern allmählich zu sich selbst erwacht, beginnt das *Selbststaunen*. Der Mensch ist das Wesen, das über sich selbst staunen kann, und dieses Staunen beinhaltet die Frage „Was bin ich für ein seltsames Wesen?". Das Wunder des Erwachens: Der Mensch, der allmählich staunend zu sich erwacht, entdeckt sich selbst *fragend* als Fragenden und Frage-Sein. Staunend sieht er sich in dieser Frage stehen, in sie gestellt und sucht nach und nach, sie zu verstehen und zu entfalten. Aus dem *Staunen* wird das *Fragen* und werden die *großen Fragen* geboren, die das *Denken* in Bewegung halten.

Die kindliche Schau staunt. Staunen ist aber nicht nur der Urzustand der Kinder, sondern auch das Urmotiv der *Philosophie*. Wer auf die Frage nach dem Beginn der Philosophie blickt, antwortet gerne, dass sie mit dem *Staunen* beginne. Staunen ist der erste Grund der Philosophie. Dies sagen uns schon die Vorsokratiker und Platon und Aristoteles. Mit dem Staunen also hebt die Philosophie an. Wir verwundern uns, das Fragen kommt zur Welt und zu uns selbst, das Denken beginnt sich zu regen. Philosophie, die Liebe zur Weisheit, könnten wir daher auch als die *Kunst des Staunens* bezeichnen.

Was ist das *Geheimnis* oder das *Besondere* des Staunens? Wir hatten ja zu Anfang des Buchs bereits die Richtung auf die Antwort gewiesen, als wir über die *großen Themen unserer Existenz* sprachen. In Gott, den Menschen, den Tod, das Leben und die Liebe, so lautete unsere These, können wir uns nur vertiefen. Kein *Mensch* kennt sich selbst oder einen anderen zu Ende. Der *Tod* ist ein dunkler Kontinent, von dem *niemand etwas Endgültiges weiß.* Gott ist, bei allem, was wir von ihm zu wissen glauben, doch immer auch der ganz Andere, der alle unsere Gedanken von ihm unendlich übersteigt. Abschließend lösen und beantworten können diese Fragen nur die Narren. Insofern ist ein spiritueller Mensch ein Mensch, der *nicht dogmatisch und definitiv gewiss,* aber doch persönlich entschieden und hingegeben ist. Er bleibt in allen seinen Schritten staunend und bereit, von neuem überrascht zu werden.

Also, was ist das *Spezifische* am Staunen? Wir meinen: der *Anfängergeist.* Der Geist, der noch nicht Bescheid weiß und durch sein dogmatisches Bescheidwissen alles von vornherein fesselt und bändigt. Wer schon alles weiß, ist nicht mehr zu überraschen. Wer alles durchschaut, lebt in der Langeweile. Aber wer Bescheid zu wissen glaubt, ist natürlich einem Irrtum aufgesessen und kennt sich nicht aus, sondern ist bereits ignorant. Wer staunt, hat den ersten, frischen und unverbrauchten, offenen Blick. *Staunen ist die Güte des lebendigen Blicks.* Wer sich wundert, entdeckt überall Wunder und das Wunderbare. Nur ein Blick, der alt und müde geworden ist, sieht davon nichts mehr. Deswegen rät Platon auch: Wer sich übt im Staunen-Können, im Sich-freuen-Können, wird auch im hohen Alter noch frisch sein.

Staunen sie doch noch einmal wie mit einem ersten Blick, wie ein Kind über Dinge, die so naheliegend sind und so vertraut und selbstverständlich erscheinen. Wir wollen sie einmal die *fünf Wunder des Seins* nennen.

Das *Sein selbst:* das Erste, das uns zum Staunen bringen könnte, ist das Wunder des Seins selbst, ist, dass es „ist" gibt, dass überhaupt etwas da ist und nicht vielmehr nichts, einfach nur Leere, sondern dass es die Welt gibt, die Dinge, die Rose und den Nebel, der sich verzieht.

Das Zweite ist, dass es nicht nur Anorganisches gibt, sondern *Leben*. Es gibt Lebewesen. Es gibt Lebendig-Sein. Die Dinge sind nicht einfach da, unbeweglich, tot, desinteressiert, gleichgültig. Es gibt Lebendiges. Lebendiges will. Leben ist das Ende der Gleichgültigkeit. Ein Lebewesen ist ein X, dem nicht alles egal ist. Das Leben ist die Negation der Gleichgültigkeit, das Ende der Indifferenz des Anorganischen. Auf einmal ist da ein Etwas, das will und nicht will, das ein Ja und ein Nein hat, Interessen und Bedürfnisse. Leben ist interessierte Selbstbewegung, interessiertes Für-sich-Sein, Aus-Sein auf etwas. Was für ein Wunder.

Das dritte Wunder ist das *Bewusst-Sein*, diese eigentümliche Verdopplung der Welt, dass sie noch ein zweites Mal da ist, noch einmal erscheint, gesehen, symbolisch, innerlich, gewusst. Wir sind nicht in uns verschlossen. Es gibt da eine Helle des Geistes, in der die Welt in Erscheinung treten kann. Auf eine kleine Weise werden wir durchsichtig, transparent für etwas, was sich uns gibt und zeigt.

Das vierte Wunder ist das *Selbst-Bewusst-Sein*: dass wir auf einmal dazu erwachen können, dass wir dies alles sehen: das Dasein, das Lebendig-Sein, das Bewusst-Sein, dass wir unser Sehen sehen – und darüber nachdenken, alles und dies und uns selbst zum Thema machen können.

Das fünfte Wunder ist das *Gewissen* oder die Moral: dass wir die erlebte und gefühlte Unterscheidung von Ja und Nein zum Thema von Gut und Böse machen können und moralische Lebewesen werden. Sogar bereit, unser Sein, Lebendig-Sein, Bewusst-Sein und Selbst-Bewusst-Sein aufzugeben und untergehen zu lassen, indem wir uns für einen anderen Menschen aus Liebe opfern.

Ein spiritueller Mensch wird staunen. Er wird daran arbeiten, dass er staunen kann. Er wird üben und üben, das Staunen nie zu verlieren oder aber es wiederzugewinnen. Er wird staunen – gegen alles undankbare Denken, das alles schon weiß.

Selbstliebe

Viele Weisheitsgedanken haben die Struktur von *Wechselbeziehung und Rückkopplung*. Sie durchdringen das Beziehungsgeschehen. Im Vaterunser heißt es beispielsweise: und vergib uns unsere Schuld, wie auch wir vergeben unseren Schuldnern. Würden wir das ernsthaft beten, sähe es oft genug nicht gut mit uns aus. In dem Maße, wie wir vergeben, wollen wir vergeben bekommen? Hoffentlich ist es gut um unsere authentische Barmherzigkeit bestellt. Oder es heißt etwa: richtet nicht, auf dass ihr nicht gerichtet werdet. Denn Gott ist ja Barmherzigkeit, und wir sollen von ihm lernen. Oder: was du nicht willst, dass man dir tu, das füge keinem anderen zu. Solche Lebensregeln, in denen Wechselbeziehung und Rückkopplung maßgeblich sind, finden sich viele.

Eine berühmte Lebensregel lautet: *Liebe deinen Nächsten – wie dich selbst!* Die Nächstenliebe soll an die natürliche Selbstliebe anknüpfen. Die Selbstliebe, kein maßloser und am anderen nicht wirklich interessierter Egoismus, wünscht sich selbst *alles Gute*. Das sollen wir auch anderen wünschen. Wir wünschen uns aber nicht nur alles Gute, wir versuchen auch, es uns wirklich zufließen zu lassen. Das aber sollen wir auch im Hinblick auf andere versuchen.

Interessanterweise steht die Selbstliebe oft im Schatten der Nächstenliebe, deren Grund und Maßbild sie doch eigentlich abgeben soll. Es gab und gibt oft genug Tendenzen, sogar ganz von sich abzusehen, um den anderen wahrhaft, sozusagen um seiner selbst willen zu lieben. Aber die Lebensregel setzt doch die intakte Selbstliebe voraus und nicht außer Kraft. Lieben wir also uns selbst? Denn wahrscheinlich gibt diese Selbstliebe den Horizont und Leitfaden ab, mit dem wir auch den anderen lieben werden.

Lieben wir uns selbst? Was soll das heißen? Woran könnten wir uns orientieren? Ich möchte *zwei ideale Bilder* als Gedankenfolie aufspannen. Zum einen das *Bild der Mutter und des Vaters*, die ihr kleines Kind von Herzen lieben. Alles ist willkommen. Alles ist gut. Es ist, im besten Fall, eine Liebe *ohne Einschränkung*. Zum anderen das *Bild des heilenden, befreienden und vergebenden Gottes*, das Bild, das er in Jesus Christus von sich gegeben hat. Dies ist eine Liebe, die ohne Einschränkung und Grenzen das geliebte Wesen heilen, gesunden lassen, schön, stark und in Fülle lebendig machen will. Mit einer solchen Liebe geliebt zu werden, gibt den *Kompass* für die eigene Selbstliebe ab. Lieben wir uns *ebenso* selbst?

Immer wieder aber nagt der Zweifel, vielleicht nicht liebenswert zu sein. Nicht gut genug zu sein. Oft denken wir, wir müssen erst anders und besser werden, bevor wir uns ganz lieben können. Aber das ist ein Irrtum. Wir werden anders und besser und schöner, *weil* wir uns lieben (und lieben lassen). Mit all diesen Fehlern und Schwächen? Ja. Warum unter der Liebe der guten Eltern oder des guten Gottes bleiben? Warum also nicht ihrem Modell folgen? *Selbstannahme* ist der liebende Anfang für die Reise zu uns selbst, zu unserem wirklichen Selbst.

Macht Liebe nicht blind? Das tut sie. Und Platon meinte dabei, dass man sich in der Liebe oft genug so verhält, als hätte man den Verstand verloren. Wir könnten den Gedanken variieren. Es ist schön, wenn Liebe blind macht: für den Blick auf das Defizitäre und Unvollkommene. Außerdem gilt ja auch das Umgekehrte. *Liebe macht sehend.* Ubi amor, ibi oculus, sagt Hugo von St. Viktor: Wo Liebe ist, da ist ein (neues) Sehen. Die Liebe sieht auf das Liebenswerte, das da ist, und auf das, was noch nicht da ist. Sie erfreut sich, indem ihr Blick sich dem Schönen zuwendet, an dem Schönen, und sie ist ein schöpferischer Akt, all das emporzuformen, was es an ungehobenen Schätzen von Schönheit in einem Menschenleben noch geben mag. Können wir uns selbst so ansehen? So liebevoll? So liebenswert? Lieben wir uns? Ernsthaft?

Jede Liebe ist eine neue Schau. Sie sieht neu und erneut auf uns und andere, frisch, lebendig, wie das erste Mal. Darum erneuert sie auch. Dies verbindet sie mit *Verzeihen und Vergeben*. Verzeihen heißt, jemanden nicht auf alte Verfehlungen festzulegen, sondern neu, frisch wieder anfangen und aufleben zu lassen. *Liebe schenkt Anfang.* Immer wieder neu. Lieben wir uns?

Ins Kleinere und Alltägliche übersetzt: Sind wir *dankbar* – für uns selbst? Üben wir das ein? Sind wir *stolz* – auf uns selbst? *Loben* wir – auch uns selbst? Und Eigenliebe oder Eigenlob – stinken sie etwa? Nein, was für ein verrückter Gedanke. Nur dieser Gedanke stinkt. Er macht uns unwahr und weniger schön.

Wenn wir uns schön finden können, werden wir dies leichter auch bei anderen können. Wenn wir gut zu uns sind, können wir es auch eher zu anderen sein. Stärken wir uns, fällt es uns nicht allzu schwer, andere zu stärken. Wenn wir nur geben, werden wir uns verausgaben. Kümmern wir uns nicht um uns, verkümmern wir. Dann wird auch das, was wir anderen zukommen lassen, eher kümmerlich. Sorgen wir für uns, können wir auch für andere sorgen. Finden wir allmählich in immer mehr Liebe zu uns selbst hinein, finden wir auch den Schlüssel zu den anderen. Liebe deinen Nächsten – wie dich selbst!

Noch ein kleiner Rat zum Schluss. Hier wie bei allen wesentlichen Dingen des menschlichen Lebens werden wir uns auf einen *Weg* begeben. Menschen sind keine Kippschalter, sondern Wachstumswesen. Die eine Gefahr ist die, nicht loszugehen. Wir dürfen Fehler machen und neu beginnen. Die andere ist, zu viel auf einmal zu wollen und sich zu überfordern. *Perfektionismus* aber, darauf haben wir bereits hingewiesen, ist toxisch. Er ist nicht biophil. Leben ist nicht perfekt. Der Perfekte will zu viel auf einmal, hat den Willen zur Hundertprozentigkeit. Aber perfekt ist nur Gott. Nacheinander und Schritt für Schritt wachsen die Dinge. Der Perfekte hat zu hohe Ansprüche an sich und an andere. Alles, was ist, hat kleine Fehler. Wer überfordert, zerbricht. Perfektionismus ist eine zeitverzögerte Katastrophe. Perfektion ist ein Traum der Liebe, aber nicht ihr Weg im wirklichen Leben.

Jeder kennt den Satz: *Was* du säst, wirst du ernten. Die Betonung liegt hier auf dem „Was" und weist auf eine *Resonanz*. Das, was ich als Saatgut aussäe, wird auch dem entsprechen, was ich als Frucht erhalten werde. So heißt es etwa: Wer Wind sät, wird Sturm ernten. Der Sturm ist der entfaltete, ausgewachsene, ins Große gedachte Wind. Wer Wind sät, wird Sturm ernten – und nicht etwa Schokolade oder Sonnenschein. Es ist daher schon erstaunlich, wenn Menschen glauben, sie könnten zum Beispiel schwarze Kommunikation und giftige Worte säen und dafür helle, nette und gesunde Dinge zurückerhalten. *Worte* also säen wir aus. In den anderen. Also verschenken wir Worte, die es gut meinen, die mitgehen und verstehen und die das Leben lieben. Worte, die Türen öffnen. Worte, die aus der Enge führen und Spielraum schenken. Keine kränkenden Worte, die krank machen, lähmen oder in die Enge treiben, sondern die befreien und lebendig machen. Dazu gehört auch meine *Stimme*. Meine Stimme vermittelt ihre eigene Botschaft. Sie zeigt, wie ich gestimmt bin. Sie zeigt, wie stimmig ich bin. Die Stimme erzeugt eine Stimmung zwischen mir und dem anderen. Daher soll sie möglichst frei, zugewandt, ohne Hast, ohne Druck und mit Wärme fließen. Was wir jeden Tag aussäen, sind also unsere Wörter, unsere Körpersprache, unsere Stimme, unser Verhalten, unsere Handlungen. Das alles ist unser Saatgut. Was zurückkehrt, wird in einem „entsprechenden" Zusammenhang mit dem stehen, was ausgeschickt wurde: Wie du in den Wald rufst, so schallt es zurück.

Natürlich kann das Prinzip von Säen und Ernten nur funktionieren, wenn ich überhaupt bereit bin etwas auszusäen. *Ob* ich also überhaupt ernten werde, wird damit zusammenhängen, ob ich überhaupt etwas investiere. Das hat auch mit Frustrationstoleranz zu tun. Denn es gilt ja, *erst* säen, dann ernten. Etwas Mühe und Anstrengung. Dafür gibt es vielfältigen Lohn. Wenn wir die Sache allerdings ganz streng ansehen und mit Paul Watzlawick die Auffassung vertreten, dass man nicht nicht kommunizieren kann, wird man immer etwas aussenden. Auch wenn das Saatgut Schweigen wäre. Hinzu kommt: Es ist nicht nur wichtig, dass man das ernten wird, was man sät, sondern dass sich der um den Lohn bringt, der zu schnell die Ernte einbringen will. Was zu schnell wächst, wächst sich dünn und bricht. Kein Halm wächst schneller, wenn man an ihm zieht und zupft. Ohne das richtige Maß an *Geduld*, Ausdauer und langem Atem wird sich die investierte Energie nicht amortisieren.

Wenn es im Neuen Testament darum geht, das Wort Gottes auszusäen, so werden wir im Gleichnis auf einen weiteren Gesichtspunkt aufmerksam gemacht. Nicht nur ob und was wir aussäen, ist wichtig, sondern auch *wo*. Wenn das Saatgut nämlich nicht auf *fruchtbaren Boden* fällt, wird es gegebenenfalls verkümmern oder sterben, eine schlechte Ernte bringen oder gar keine. Das Aussäen ist unersetzlich, enthält aber keine Garantie. Natürlich wird es oft so sein: In dem Maß, in dem wir uns verändern, werden wir unsere Umgebungsbedingungen (wenigstens ein Stück weit) mitverändern. Aber einen Automatismus gibt es hier nicht. Der fruchtbare Boden ist ein Stück *Offenheit und Bereitschaft zur Aufnahme* dessen, was als Saatgut ausgesendet wird. Wenn der Resonanzkörper gleich null ist, wird das Licht oder der Schall verschluckt. Es kommt zu keiner Reflexion, kein Widerhall ist zu hören, nichts gerät miteinander in Schwingung. Wer sät, soll sich um Nachpflege kümmern. Wer sät, muss aber auch lernen loszulassen. Wir behalten nicht alles in der Hand. Säen und Ernten ist ein Gedanke, der mit dem anderen von Stirb und Werde verbunden ist.

Wenn wir aussäen, folgen wir ganz unwillkürlich der Überlegung, dass es darum geht, das Saatgut zu *anderen* zu bringen. Tatsächlich geht es aber auch zugleich um *uns selbst*. Auch wir selbst sind der *Acker* für unser Saatgut. Alles, was wir an andere weitergeben, fällt auch in uns selbst hinein. Wir verstärken es und bringen es in uns selbst unter. Hinzu kommt noch, dass wir Saatgut von anderen erhalten oder es uns von ihnen holen. Womit ernähren wir uns da? Was bringen wir da in uns zum Wachsen? Hier gilt wohl der Satz von Ludwig Feuerbach: Der Mensch ist, was er isst. Was nehmen wir also zu uns?

Platon hat uns ein etwas furchteinflößendes Bild vor Augen gestellt, das uns in dieser Sache weiterhelfen kann. Er spricht von einem „Polytremakephalon", also einem vielköpfigen Ungeheuer, das unsere Begehrlichkeit durch eine Vielzahl zahmer und wilder Tiere darstellt. Je nachdem, was wir nun füttern und ernähren, wird dies wachsen und die anderen verdrängen. Setzen wir auf die falschen Pferde, werden sie auf Dauer auch unser Gemüt prägen und unseren lenkenden Geist unterminieren.

Das Saatgut vieler Menschen gleicht eher einer Art *Selbstschädigung* oder Selbstverletzung als der guten Pflege eines heilvollen inneren Gartens. Statt ein guter Gärtner unserer Seele zu sein sind wir uns selbst gegenüber oft genug und ohne eigentlichen bösen Willen gleichgültig oder sogar selbstzerstörerisch. Wir entwickeln problematische Ge-*wohn*-heiten, in denen wir dann wohnen, die in uns zu Hause sind, uns prägen und das Leben gleichsam von innen her schwer machen.

Um aus der Selbstsabotage herauszufinden, müssen wir Licht sammeln, gute Gegen-Gewohnheiten etablieren. Tief in uns gibt es ein Ja-System und ein Nein-System. Wir müssen nach Saatgut suchen, das wir nicht durch Dys-Stress oder Nein navigieren, sondern durch *Freude*. Welche Ernte, wenn wir sie denn hätten, würde uns auf Dauer erfreuen und uns selbst heller und stimmiger machen? Mit diesem Saatgut müssen wir uns belohnen. Damit aber die ausgebrachte Saat wirklich Ernte bringt, d.h. sich in uns als verlässliches Muster oder als Charakterzug einstellt, ist es unvermeidlich, die Saat zu wässern und zu pflegen, d.h. sie immer wieder (mit Freude) zu *wiederholen*. Nur Übung, Selbstkultivierung, Ausdauer und Geduld, also Wiederholung, lassen uns allmählich in eine gute Ernte hineinreifen. Wir können uns hier ganz der Weisheit des Talmud anvertrauen: Achte auf deine Gefühle, denn sie werden deine Gedanken. Achte auf deine Gedanken, denn sie werden zu deinen Worten. Achte auf deine Worte, denn sie werden zu deinen Taten. Achte auf deine Taten, denn sie werden zu deinen Gewohnheiten. Achte auf deine Gewohnheiten, denn sie bilden deinen Charakter. Achte auf deinen Charakter, denn er bestimmt dein Leben.

Heilung

Die Kindergeschichte „Frederik" von L. Lionni macht uns mit einer offensichtlich resilient hochbegabten Maus bekannt. Ihre besondere Begabung besteht darin, in guten Zeiten viel Sonnenlicht und Wärme, viele gute Gedanken, Gefühle und Eindrücke, konstruktive Phantasien und Träume einzusammeln, also Ressourcen der Resilienz zu bilden oder aufzufüllen. Die Sonnenstrahlen, Farben und Wörter werden im Bedarfsfall, wenn es Winter wird und dieser in der Kälte den Verlust von Sonne und Licht und andere Nöte mit sich bringt, zur rettenden Quelle, um sich und anderen aus den angelegten Vorräten der Seele ein Überleben zu ermöglichen. „Und als Frederik seine letzte Geschichte erzählt hatte, war der Winter schon vorbei." Für Frederik und die seinen wird A. Camus' Satz Wirklichkeit: In den Tiefen des Winters erfuhr ich schließlich, dass in mir ein unbesiegbarer Sommer liegt.

Dies ist schön. Wie eine Genesung von einer schweren Krankheit. Aber wir wollen nicht nur überleben. Wir wollen leben, wirklich leben. Gelungen, gut, heil leben. *Heilung ist mehr als Überleben und Genesen.* Homer äußert den Gedanken, *Licht zu sehen* heißt *leben*; im Hades aber ist es dunkel. Im Verständnis Homers bedeutet „leben", das Licht der Sonne zu sehen. Der Hades, die Sphäre des Todes, ist das düstere Dunkelreich, allen Lichts beraubt. Deswegen ist der Mensch ein Wesen des Tages, der lichtvollen Tag-Zeit (*hemera*), ein „ephemerisches", ein Tag- und Lichtwesen. Das Licht ist jene Macht, die das Leben weckt, wärmt und die Dinge verständlich, ansichtig und durchschaubar macht im Licht der Vernunft und der Erleuchtung des Geistes. Licht in all seinen Dimensionen durchflutet das Menschsein. *Heilwerden ist Lichtwerden.*

Alle diese Licht-Bilder sprechen von einem *Traum des geheilten Lebens*. Wir tragen diesen Traum in uns, der zu uns gehört, den wir aber nur im Anbruch erreichen. Einen Traum, dass es mehr Leben gibt als Überleben. Wir Menschen sind Sterbliche, die sich nach Unsterblichkeit sehnen, wir sind Zeitliche, die von der Ewigkeit träumen, Unvollkommene, die das Vollkommene bewundern und unvollkommen nach Vollkommenheit streben. All dies bezeichnet unsere problematische Verfassung, in der wir uns vorfinden, wenn wir zu uns erwachen. Wir sind nicht im Einklang, nie ganz zu Hause, immer ein Stück in der Fremde. Unser unruhiges Herz ist voller Fragen und Suchen. Wie leere Spuren eines verlorenen Paradieses prägt uns ein fernes Echo glücklicherer Tage, eine tiefe Erinnerung und intime Wunde, ein fast unverständlich gewordenes Vermissungsgefühl, das uns in Bewegung hält. Heilvoll sind wir nicht.

Christus, der sich selbst das Licht nennt, das die Welt erhellt, sagt, dass er nicht gekommen sei, die Gesunden zu heilen, sondern die Kranken. Natürlich sind alle krank. Aber in feiner Ironie weist er auf einige, die sich irrtümlich für gesund halten. Ihnen ist schwer zu helfen. Aber was heißt hier „krank"? Wofür wäre denn Heilung nötig? Unsere Krankheit zeigt sich an in dem oben genannten Traum. In der *Sehnsucht* verweist eine Spur auf etwas, was wir bräuchten, um glücklich zu sein, das aber *nicht in der Reichweite unserer Macht* liegt. Aller Ersatz, den wir zur Stillung der Sehnsucht erfinden, bleibt eben nur dies: ein Surrogat.

Christus Medicus – Christus als Arzt ist Heiland. Er will unser Leben heilen. Das Christentum ist deswegen zuinnerst *therapeutische Religion*. Worin aber besteht das Unheil? Irgendetwas „stimmt" nicht. Um welche Unstimmigkeit handelt es sich? In alter und unvertraut gewordener Sprache um Sünde. Das heißt um „sund", um Riss, Spalt und Bruch. Was soll das heißen, dass ein Riss durch uns geht? Dass wir gebrochene Existenzen sind? Dass Zerbruch uns prägt? Wir sind in der *Trennung*. In der Welt sein heißt in der Trennung sein. Wir sind getrennt voneinander, der Bruch geht zwischen uns einher, er durchzieht aber auch zugleich uns selbst, wir sind mit uns selbst uneins. Widerspruch, Entzweiung, Trennung, Krieg ist das Signum des menschlichen Lebens. Wir sind aus allen Freundschaften gefallen. Aus der Freundschaft mit Gott, der Natur, den Menschen und uns selbst. In der Welt sein heißt, in der Trennung sein. In der Welt haben wir Angst. Die unendliche Stimmung der Angst waltet in uns und steht zwischen uns.

Wenn uns dann gesagt wird: aber seid getrost, ich habe die Welt überwunden, wieso kann uns das zum Heil werden? Urvertrauen wird uns zuerst geschenkt, bevor wir vertrauen. Wir werden zuerst geliebt, bevor wir lieben. Heilung wird uns zugesprochen, bevor wir sie uns selbst zusprechen. Was wir brauchen und ersehnen, ist, wieder heil, d. h. „*ganz*" zu werden (wie im englischen „whole" = heil/ganz) und in „Einklang" und „Einheit" zu kommen. Die *Gabe* der Heilung ist erst Vor-Gabe, bevor sie unsere Auf-Gabe wird.

Die Heilung selbst aber ist *paradox*. Sie ist komplett und fängt doch erst an. Sie ist wie ein Samenkorn, das zum Weltenbaum wird, wie ein Medikament, das alle Heilung in sich trägt und seine Verwandlung doch erst im Kleinen beginnt. Fangen wir klein an. Wie die Kinder. Das Wunder schläft nebenan: im Kleinen das Große, im Gewöhnlichen das Außergewöhnliche, im Alltag das Wunderbare (das Selbstverständliche ist nicht selbstverständlich). Nun bringen wir Licht ins Dunkel. Licht ist das Medikament. Licht ist Leben und Lebendigkeit, und es heilt Leben. Gedanken sind Kräfte, wecken Leben, Lebenskraft. Schwere, trübe, dunkle Gedanken ziehen hinunter und dämpfen die Lebenskraft bis ins Mark. Wenn jemand aber ein Grundvertrauen in sich besitzt oder entfalten darf, wenn er „einklangsfähig" ist, wenn er an den Sinn einer Situation glauben kann, wenn er eine Ja findet (als Sinn, Aufgabe, Herausforderung, Wachstum usw.), wenn er eine positive, lichtvolle Weise zu sehen besitzt, wenn eine Sinn-Sicht, die Licht *findet* und Licht *bringt*, ihn findet, *dann öffnet und weitet sich der Lebensfluss.* Heilwerden und heilen ist die *Berufung* unseres Lebens. Dann beginnt Leben wieder aufzublühen. Wo aber Leben aufblüht, dort ist Gott.

Warum Spiritualität das Herzstück ist

Ein chinesisches Sprichwort sagt: Der Mensch bringt sein Haar täglich in Ordnung. Warum nicht auch sein Herz? – *Mensch-sein und Spiritualität* gehören zusammen. Spiritualität ist unser elementares Sein. Wir sollten uns täglich um das Herz unserer Existenz kümmern.

Vier Elemente als „Fenster"

Um Sie noch einmal anzuregen, sich mit dem Thema „Spiritualität" auseinanderzusetzen, wählen wir in diesem kleinen Exkurs die *vier Elemente* und die Frage der *Quintessenz* als Zugangsweise zur Spiritualität. Wir knüpfen ganz lose an den alten Gedanken an, dass der Mensch ein „Mikrokosmos" sei, dem alle Elemente deswegen vertraut sind, weil er aus ihnen gebaut ist und auf sie bezogen lebt. Auf einfache Weise und ohne Umwege möchten wir die vier Elemente als *„Türen"* oder *„Fenster"* zur Spiritualität betrachten. Wir könnten auch sagen: als *„Lehrmeister"*, wenn dies bedeuten kann, dass Sie sich fragen: Was davon ist mir vertraut? Was fehlt mir gegebenenfalls? Wo fühle ich mich angesprochen oder herausgefordert? Wo schläft ein Potential?

Das Fenster „Erde"

Das Element *Erde* ist das erste Element des Lebens. Sie wird als *„Mutter Erde"*, als der Menschen Gebärerin und Ernährerin, als fruchtbarer Schoß und Grab allen Lebens, als die große Mutter bezeichnet. Der Mensch (*„homo"*, verwandt mit „humus", „Adam" mit „adamah": rote Erde) ist der Erdentsprossene, aus

Erde gebildet. Die Erde, der Erdboden ist die erste Heimat des Menschen. Sie hat Wege, Höhlen, Täler, Berge. Sie zwingt zum Säen und Ernten, zur Arbeit.

Das vielleicht älteste Schutz- und Fruchtbarkeitssymbol ist die *Höhle*, die an den Mutterschoß erinnert. In der Höhle findet der Mensch Schutz und Bergung. Im Dunkel der Erde finden sich aber auch die aufkeimenden Kräfte der Erde. Die Höhle ist der Ort der verborgenen Schätze, der Unterwelt, des Unbewussten.

Ein anderer mächtiger Ort der Erde ist der *Berg*, der Ort also, wo sich Himmel und Erde kreuzen und begegnen, Symbol von Erhabenheit, Transzendenz, Ewigkeit und der Sitz der Götter.

Welche Perspektive zeigt das Fenster der Erde für die Spiritualität? Welche Fragen hält sie bereit? Es ist nicht nur der Blick in die Tiefe, nach unseren Schätzen und Potentialen, und die Auseinandersetzung mit unserem Unbewussten, worauf sie aufmerksam macht. Sie zeigt auch, dass Spiritualität einen *festen Untergrund*, im übertragenen Sinn auch den *Halt* in unserem Leben, sowohl *gibt* als auch *braucht*. Auch Spiritualität muss „geerdet" sein und der „Anziehungskraft" der Erde folgen. Das Weg-Wesen „Mensch" braucht für seine Lebensreise auf der Erde immer auch klare Formen, fest umrissene Gestaltung, Rituale und positive Gewohnheiten. Diese erwachsen aus der Arbeit des Säens und Erntens, einer mühevollen Fruchtbarkeit, die die Schätze der Tiefe mit Geduld emporschafft. Und gleichzeitig ist um einen spirituellen Menschen immer auch Weite und Raum für vielfältiges Leben.

Das Fenster „Wasser" Das Element *Wasser* bahnt sich seinen Weg auf der Erde. Es wird von *Himmel* und *Erde* gespendet: Regen und Tau fallen von oben auf die Erde herab, Quellwasser bricht von unten aus dem Inneren der Erde hervor. Wasser ist das Element, das *Leben* schenkt. Aus Wasser, so sagt man, wird alles geboren. Im Paradies speiste eine aus den Wurzeln des *Lebensbaums* sprudelnde Quelle die vier Ströme des Paradieses. Im himmlischen Jerusalem strömt „aqua viva", lebendiges Wasser. Die Menschen sehnen sich nach der Quelle für ihren Durst, nach Strömen lebendigen Wassers.

Wasser, Symbol der Lebensenergie, des kreativen Fließens, das Flüsse und Ströme aus sich entlässt und Seen und Meere bildet, ist eine starke, *reinigende* und *heilende* Kraft. Es formt den Stein und findet Wege um alle Hindernisse. In heiligen Flüssen baden die Menschen zur Reinigung und Genesung, in Bädern und Taufen waschen sie sich von Schuld und heilen ihre Seele.

Als dunkles, unergründliches Wasser ist auch dieses Element ein Symbol des *Unbewussten* und unserer Träume. Wegen seiner relativ starken *Formlosigkeit* repräsentiert es auch das fruchtbare Chaos und die Urmaterie, vor allem aber die Entwicklungsmöglichkeiten der Seele, in der Formen, die gefunden wurden, immer wieder auch *verflüssigt* und aufgelöst werden und untergehen müssen.

Welche Perspektive zeigt das Fenster des Wassers für die Spiritualität? Welche Fragen hält es bereit? Um unsere Lebensreise zu unternehmen, müssen wir auch den festen Boden, die Erde, das Sichere verlassen, um übers Meer zu fahren. Dabei unternehmen wir zwei Arten der Reise für unsere äußere und innere Wandlung: *Kolumbusfahrten* und *Odysseusfahrten*. Kolumbusfahrten sind Entdeckungsreisen zu neuen Ufern in uns selbst und zu anderen, fernen und unbekannten Kontinenten.

Odysseusfahrten sind, nach all den Irrungen und Wirrungen der Reisen, jene Fahrten, die uns nach Hause bringen sollen.

Auf unserer Lebensreise müssen wir immer wieder Quellen und Brunnen finden, die uns das Wasser aus dem Schoß der Erde schenken, eine sprudelnde Quelle, köstliches Wasser, frisch und kühl, in dem sich unsere Suche nach dem *Wasser des Lebens* für unseren *metaphysischen Durst* und Sinn-Hunger veranschaulicht.

Während uns die Erde zeigt, dass wir Formen und Gestalten unserer Spiritualität brauchen, erinnert uns das „panta rhei" daran, dass sie alle ihre Zeit haben und sich wieder *auflösen* müssen, um neuen Formen Platz zu machen. Der permanente Wechsel, das Dahinfließen aller Dinge und ihr Vergehen in der Zeit lehren uns die Vergänglichkeit des Festen und erwartet von uns das Loslassen und Einüben in die *Ge-Lassenheit*.

Schließlich weist die reinigende und heilende Kraft des Wassers, das den Schmutz wegspült, auf den spirituellen Grundakt von *Vergeben und Verzeihen*. Wer verzeiht, fixiert nicht auf Schuld und legt nicht auf Vergangenheit fest, sondern öffnet den lebenspendenden Segen der Versöhnung und des Neuanfangs.

Das Fenster „Feuer" Die Elemente vermischen und durchdringen sich. Aus dem Himmel zucken Blitze, und wenn *Feuer* und Wasser sich mischen, entsteht fließendes Feuer, das zum Beispiel als Lavastrom aus der Erde tritt. Aus dem Inneren der Erde speit es Feuer. Die Erde ist *Vulkanismus*, der Vitalität und der Leidenschaft, geistige und sexuelle Glut anzeigt. Das „innere Feuer", das in uns als seelische Energie brennt, ist ein Feuer, das brennt, ohne uns zu verzehren.

Mit Feuer sind ebenfalls viele elementare Symbolisierungen verbunden. Gott wird als Feuersäule gedeutet und im brennenden Dornbusch erfahren. Er ist die Sonne der Gerechtigkeit. Der Heilige Geist fällt in Feuerzungen auf die Menschen herab. Wir sehen Phönix aus der Asche des Feuers steigen. Christus ist das Licht der Welt. Der Heiligenschein widerspiegelt das göttliche Licht. Menschen zünden Kerzen und Laternen an, stellen Lampen und Leuchter auf. Das ewige Licht brennt am Altar, und auch das Lebenslicht brennt, das Osterfeuer und das Neujahrsfeuer, das olympische Feuer und auch der Weltbrand.

Welche Perspektive zeigt das Fenster des Feuers für die Spiritualität? Welche Fragen hält es bereit? Das Feuer ist nicht nur ein verbindendes, sondern ein *vereinigendes* Element. In seiner vereinigenden Kraft verschmelzt es die Dinge und vereint mit Gott.

Während das Feuer in seiner *Wärme* eher *seelisch* auf das *Herz* verweist, zeigt es als *Licht* mehr ins *Geistige* auf die *Vernunft*. In seiner *Lichtform* symbolisiert es die geistige *Schau*, in der keine Finsternis ist, das *Sehenlernen* und die Achtsamkeit. Der spirituelle Charakter des Lichts weist auf das Immaterielle, den Himmel. Es ist die *Grundlage des Sehens*, d. h. des Erkennens. Von dieser Lichtmetaphorik nehmen wir nicht nur die Verklärung und die Erleuchtung. Selbst das *Licht der Vernunft* und die *Aufklärung* borgen noch etwas von diesem Glanz. Der Mensch soll *Licht werden*, ein Lichttrinker und Lichtbringer.

Damit es uns nicht so geht wie im arabischen Märchen von *Aladin*, der seine Wunderlampe verrosten lässt, nachdem sie ihm Reichtum gebracht hat, und also die spirituelle Seite seiner Seele vernachlässigt, sollten wir auch an die *reinigende* Kraft des Feuers denken („pyr" = Feuer und „purus" = rein sind etymologisch verwandt), so dass es uns und unseren Sinn immer wieder erneuert.

Das Fenster „Luft" Feuer bringt Rauch, der ein Symbol des Friedens, der gereinigten Seelen und aufsteigender Gebete ist. Das Feuer verweist im Rauch auf die *Luft* wie das Wasser im Nebel. Durch die Luft strömt die Lebensenergie. Im *Anfang*, im Urbeginn schwebte über dem Chaos eine dunkle, windige Luft, die *Leben* brachte. Der Atem als Träger der Seele. Ruach, der Wind Gottes, der Geist Gottes ist das belebende und beseelende Prinzip, das über den Wassern schwebte. Adam wird lebendig, weil Gott ihm den Lebensodem in die Nase bläst. Unser Wort „Spiritualität", „spiritus" wie „pneuma", meint Geist und Lebens-Luft und Hauch und Wind und Atem. Gott ist der kosmische Atem, der Hauch des Lebens für alles. Wind und Sturm sind Wege des Herrn. Der Wind, die Luft, der Atem sind die belebende Kraft.

Welche Perspektive zeigt das Fenster der Luft für die Spiritualität? Welche Fragen hält sie bereit? Die Wirkungen des Windes kann man sehen und hören, doch er selbst bleibt *unsichtbar*. So ist die Luft ein wunderbares Symbol des unsichtbaren, aber doch spürbaren Geistes. Der Wind, der Hauch ist *leicht*. Er weist auf die Leichtigkeit, die unsere Existenz auch braucht. Von der Luft lernen wir das Fliegen, Lassen und leichte Bewegen. Die Luft fixiert und bindet nichts, aber *verbindet* alles. Sie verschmilzt nicht wie das Feuer, sondern durchdringt alles auf bewegliche, lebendige und beseelende Art und Weise.

Die Luft bläst die Segel für das Segelschiff unserer Lebensreise und verwickelt uns gelegentlich in widrige Winde und die Stürme des Lebens. Der *frische Wind*, der uns dabei um die Ohren weht, ist auch ein kraftvolles Symbol der *Veränderung*. Die

Luft, der „wind of change", fordert uns zum Wandel. Als Wesen, die sich stets *verwandeln* müssen, können wir unser Leben nur experimentell leben. Wir müssen es „versuchen" („je m'essai", wie *Montaigne* sagt), es wagen und probieren. Das spirituelle Leben ist ein *Essay*. Damit wir bei diesen Experimenten keine windigen Typen und kein Luftikus der Spiritualität werden, sondern Boden unter den Füßen behalten, schließt sich der Kreis und wir können zum ersten Element, der Erde, zurückkehren.

Die „Quintessenz" Die *Quintessenz* (von lateinisch *quinta essentia*, „fünftes Seiendes") ist das *„Wesentliche"*, das „Hauptsächliche", das „Wichtigste" und „Zentrale", das nach *Aristoteles* den vier Grundelementen unwandelbar und unvergänglich zugrunde liegt und sie durchdringt. Was ist die *spirituelle Quintessenz*?

Wenn wir es mit einem Wort sagen sollten: die *Liebe*. Spiritualität in ihrem eigentlichen Wesen *vereint* und *verbindet*. Sie ist das Ende von Krieg, Kampf, Rissen, Zerbruch, Spaltungen. Spiritualität zielt auf „unio", auf Einheit, Einfalt und Ein-Klang. Sie ist das Prinzip universaler Freundschaft und erinnert an den Urzustand der Befreundung: an Selbstbefreundung, an Freundschaft mit den Menschen, an Biophilie, an Freundschaft mit Gott. Der lebenszeugende und lebensbewahrende Spiritus ist der Geist der Versöhnung. Diese „Liebe" ist die *Reiserichtung* der Spiritualität, der *Sinn des Weges*, den wir einen spirituellen Weg nennen und den wir unausschöpflich gehen. Dies bedeutet der Satz: Mensch, werde wesentlich!

Der Weg der Spiritualität ist ohne Ende. Sein Ziel ist „Liebe". Es ist kein Einwand, hier stets zu fehlen. Wichtig ist, dass man weiß, auf welches Ziel man zugeht. *Weg-Zeichen* dafür, dass man sich auf dem richtigen Weg befindet, sind die *Früchte*, die das Gehen auf diesem Weg hervorbringt. Macht das Gehen auf diesem Weg mich und andere lebendiger, heller, lichter, weiter, fruchtbarer, transparenter, versöhnender, präsenter, achtsamer – dann ist es der wahre Weg der Spiritualität.

Der spirituelle Weg ist ein Reifen und Wachsen: Wer zu schnell wächst, wächst sich dünn und bricht. Es gilt, sich mit Geduld und langem Atem auf eine *Entwicklungsreise* einzulassen. Jede Form von Ehrgeiz, sei sie spirituell oder weltlich, erzeugt Furcht und Angst. Ehrgeiz hilft deshalb nicht, den Geist der Spiritualität hervorzubringen. Es gibt hier auch keine billigen religiösen Schnäppchen oder eine schnelle Instant-Erleuchtung. Das Wesentliche ist einfach und klar, aber nicht schnell.

Es ist ein sicheres Zeichen für eine gesunde Spiritualität, wenn man mit Humor auf sich selbst blicken kann. Das Lächeln gilt auch dem eigenen spirituellen Wachstum mit all seinen Umwegen und Irrwegen. Auch der spirituell „Fortgeschrittene" bleibt stets ein Anfänger vor Gott:

> *Wenn einer, der mit Mühe kaum*
> *gekrochen ist auf einen Baum,*
> *schon meint, dass er ein Vogel wär,*
> *so irrt sich der.*
> WILHELM BUSCH